掌控自律

杨祥 著

陕西新华出版传媒集团
太白文艺出版社·西安

图书在版编目（CIP）数据

掌控自律 / 杨祥著. -- 西安：太白文艺出版社，2022.1
　　ISBN 978-7-5513-2079-5

Ⅰ．①掌… Ⅱ．①杨… Ⅲ．①自律－通俗读物 Ⅳ．①C933.41-49

中国版本图书馆CIP数据核字(2021)第243842号

掌控自律
ZHANGKONG ZILÜ

作　　者	杨　祥
责任编辑	赵甲思
封面设计	胡椒书衣
版式设计	胡椒文化
出版发行	陕西新华出版传媒集团 太 白 文 艺 出 版 社
经　　销	新华书店
印　　刷	北京时捷印刷有限公司
开　　本	787mm×1092 mm　1/16
字　　数	142千字
印　　张	13
版　　次	2022年1月第1版
印　　次	2022年1月第1次印刷
书　　号	ISBN 978-7-5513-2079-5
定　　价	48.00元

版权所有　翻印必究
如有印装质量问题，可寄出版社印制部调换
联系电话：029-81206800
出版社地址：西安市曲江新区登高路1388号（邮编：710061）
营销中心电话：029-87277748　029-87217872

前言

每当夜深人静的时候，躺在床上辗转难眠的我，常常会思考这样一个问题：在我人生过去的岁月里，最让我引以为傲、最值得拿出来分享的东西究竟是什么？

在经过反复思考、琢磨后，我给自己的答案是自律。

对于这两个字，相信此刻正在阅读此书的你，一定并不陌生。不知道从什么时候开始，"自律"这个词火了，成为许多青年男女竞相标榜的闪亮标签。当我们点开朋友圈、公众号、短视频App，各种关于自律的鸡汤、格言、方法、讨论，迎面扑来。

应该说，这是一个好现象，它代表作为一种良好品质的自律，正被越来越多的年轻人关注、接受、践行。

正如康德所言："自律，使我们与众不同，令我们活得更高级。也正是自律，让我们获得更自由的人生。"自律不仅是衡量一个人素养的关键要素，还是决定一个人能否成功的重要因素；它既能帮助我们赢得有趣、舒适的人生，也能带领我们不断遇见更好的自己。

I

回顾我平淡、辗转又精彩的那些年，毋庸置疑，我是自律的绝对受益者。

时光回到多年前，在那个破旧操场的塑胶跑道上，青春飞扬的孩子们，正在为八百米测试挥汗如雨。那个汗水浸湿头发、满脸倔强、被同学们远远甩在身后的胖女孩，正是记忆里十三四岁的我。

是的，曾经的我，是个笑起来有些傻气，但眼里放光的胖女孩。只不过，在那次八百米测试后一年，我便凭借骨子里的自律，完成了从一名"胖子"到一名"瘦子"的蜕变。

那是我第一次尝到自律的甜头。再后来，这种甜便成为我人生的日常，而让我品尝到甜味的自律，则成为镌刻在我的基因里、帮助我对抗人生难题的秘密武器。

那些年，因为自律，我从一个成绩平平的中等生，一跃成为一名考上大学的学霸；因为自律，我在短短五年内，完成了从一名刚刚走出象牙塔的职场小白，到管理上百人的高层管理者的成长蜕变；因为自律，我从一个一穷二白的公司职员，成长为拥有自己的公司、拥有自己的团队的创业者……

如今，当我重新回忆曾经走过的青葱岁月，我发现，自律对我的影响，几乎贯穿我的整个成长期。它不仅见证了我每个阶段的成长和收获，还在不断成就更完美的我。

现在，我想把带给我好运、成长、财富、成功的自律，分享给每一位朋友。希望赐予我无穷力量、伴随我一路披荆斩棘的自律，也能成为你们成长路上的一盏明灯。

这也是我花费两年心血，倾力打磨这本暖心之作的目的。

不同于那些循循善诱、强行劝说自律的"鸡汤文"，本书是我及身边朋友自律经验的总结。在这本书中，我分别从自律的本质、自律的收获、自律的难点、真假自律的区分、自律的养成等多个维度深刻剖析了自律，旨在帮助渴望自律却又无法做到自律、不知道怎么自律的朋友，认清自律的要点，找到养成自律的可行方法与途径。

希望通过这本书，我们能一起探讨自律的美好与奥秘，共同找到支撑、辅助我们前进的力量之源。

最后，我想说的是：人生没有白走的路，每一步都算数，希望正阅读此书的你，始终不忘初心，充满热情，用努力点燃青春，用奋斗照亮梦想。谨以此书，献给每一个披荆斩棘的自律者！

杨祥

2021 年 7 月

目 录

前言　　I

PART 1　自律的人生，怎一个"爽"字了得

一、自律是一种怎样的体验　　003

二、自律 VS 不自律，结果大不相同　　010

三、懂得自律，才是人间清醒者　　017

四、关于自律的三个真相　　024

PART 2　自律不痛苦，假装自律才痛苦

一、你所谓的自律，也许只是"伪自律"　　033

二、自律还是他律？别让假象欺骗你　　037

三、自律不是"三分钟热度"，而是持续性动作　　046

四、摆脱刻意，自律才真正开始　　051

PART 3　想要自律，先弄清自己为什么不自律

一、不自律 ≠ 生来放纵　　059

二、自律路上的最佳搭档——意志力　　066

三、影响自律的关键——两个"自我"的对抗　　072

四、你之所以不自律，也许只是前额叶皮质在作祟　　077

五、你不是缺少力量，而是缺少处理欲望的能力　　084

六、自律机制不适合，再努力也没用　　089

PART 4　一张根治"伪自律"的神奇药方

一、延迟满足，一切自律的开始　097

二、获得自律的能量——内驱力　102

三、跳出舒适圈，"野蛮生长"的人生充满无限可能　107

四、做好目标管理，自律不再是空想　114

五、与其躺在床上后悔，不如现在就改变　121

六、掌控时间格局，每一分钟都让自己增值　126

PART 5　真正开始高度自律的五个迹象

一、拿走诱惑，选择断舍离　135

二、管理精力，让自己时刻充满干劲　139

三、避免内耗，不在无谓的人和事上耗费心力　147

四、"绑架"自己，而不是随心所欲　155

五、高度聚焦，一次只专注于做好一件事　162

PART 6　拥有自律感：从大多数到极少数，拥抱更高级的人生

一、所谓自律，就是更庄重地对待自己　171

二、自律的程度决定人生的高度　178

三、自律的三重境界，你在第几重？　185

四、余生，请让自律成为一种本能　191

后　记　197

PART 1
自律的人生,怎一个"爽"字了得

自律是一种修行，体现在生活的方方面面：该工作的时候，绝对不刷手机；该学习的时候，决不偷懒看剧；该睡觉的时候，立马上床熄灯……大多数时候，人生就是在对无数小事的坚持中，逐渐变好的。当你品尝过自律的甜，你才会发现：自律的人生，怎一个"爽"字了得。

一、自律是一种怎样的体验

你与变美之间，差一份自律

2020年11月8日，袁弘在微博上晒出了妻子张歆艺的健身照片。照片中，身穿一条黑色网纱瑜伽裤和一件裸粉色运动背心的张歆艺，露出了傲人的马甲线，状态看起来好极了。在照片下方，袁弘配文说：在我的冒死监督下……就说我媳妇儿美不美！厉不厉害！

这条微博发出后，立马引起了网友的围观，大家在吃够了他们小两口的"狗粮"后，也把目光聚焦到了张歆艺纤瘦的身材上——要知道，在半个月前出现在综艺节目《做家务的男人》中时，张歆艺还曾因母乳喂养导致身材臃肿而被网友嘲笑像"大妈"。当时，她在节目中和袁弘打赌，说要用半个月，瘦掉二十斤。事实证明，她成功了，真的只用短短十五天，完成了从臃肿到纤瘦的蜕变。

那么，这一切是如何实现的呢？答案只有两个字——自律。

张歆艺的减肥方法其实很简单，用一句话概括就是：对自己够狠。正如她在微博中写的那样："对自己狠一点当然是减肥的前提，碳水、糖、高热量的东西能不碰就不碰，运动，好好睡觉、生活规律是必要的。"和朋友外出吃火锅时，人家在吃肉，她涮着青菜，人家在喝饮料，她在喝白开水；休闲娱乐的时候，人家在逛街购物，她在健身房汗流浃背，人家在吃丰盛的晚餐，她在吃蔬菜沙拉……应该说，她瘦掉的每一斤，都藏在她挥汗如雨的付出里，都离不开她咽下的那些寡淡无味的低热量食物。

通过自律拥有美好身材的人还有许多，我喜欢的演员闫妮就是其中之一。

曾经的闫妮，美则美矣，但提起她，人们总是习惯性地想起《武林外传》里说着一口陕西方言、市井气十足、"土美土美"的客栈女掌柜。渐渐地，"土美土美"也就成为她身上最显眼的标签。

可是有一天，当她出现在镜头前时，人们却突然发现，穿着得体礼服、身材纤瘦的"佟掌柜"，原来也有性感、时尚、洋气的一面。这时候的她，已经年近五十岁，在别人快要放弃与年龄抗争的时候，她却将自己修炼成了有着纤细腰肢、瘦削肩背和逆天大长腿的冻龄女神，越活越年轻。

别人向她请教变美、变洋气的秘诀，她笑着回答说："减肥是最好的整容。"

为了瘦下来，热爱美食的她，改掉了过去胡吃海喝的饮食习惯，养成了少盐少油、饮食均衡的进餐习惯。由于晚上吃得少，甚至不吃，她常常半夜饿醒，却硬生生将想吃东西的欲望压下去了。为了瘦下来，一向不爱运动的她开始在健身房挥汗如雨。演戏间隙，别人都在休息，她却自觉地忍着饥饿，跳起了健身操。

就这样，凭借强大的自律，她瘦身成功了，告别了不完美的身材，在变美的路上，一路走下去。

不管是张歆艺，还是闫妮，她们都用实际行动告诉我们：许多时候，我们和变美之间，往往只差一份自律。

诚然，在现实生活中，我们常常会听到女性朋友抱怨自己胖；在我身边，也常常会有人表露出减肥瘦身的愿望和变美的决心。只不过我发现，大多数人说减肥，大多数人想变美，往往都停留在嘴巴上，并没有落实到行动中，更没有养成自律的习惯。

于是，她们的减肥和变美，也就理所当然地失败了。

你与优秀之间，差一份自律

《了不起的麦瑟尔夫人》是我很喜欢的一部美剧。

在这部美剧中，女主角米琪从小就是一个思路清晰、目标明确的独特小孩。当其他女孩还在嬉戏、玩闹的时候，她却想着未来要上哪所大学、学什么专业；当别的女孩还懵懵懂懂沉浸在对爱情的憧憬之中时，她却已经想好了未来究竟要嫁怎样的人。

为了实现自己的规划，把理想一点点变成现实，在成长的过程中，米琪一直非常自律。也正是靠着这种自律，后来的她如愿考上了心仪的大学，嫁给了心爱的男人，活成了令大多数人羡慕的样子。

长大后，米琪的自律有增无减。

为了保持身材，几乎每天，她都会严格测量腿围、腰围和胸围，做详细记录；为了在爱人面前呈现出最美的样子，几乎每晚，她都会等丈夫熟睡后再轻手轻脚地起床卸妆。

后来，因为丈夫出轨，米琪的生活被彻底打乱了。尽管美好的假象被打破了，但从小就自律自强的米琪，却并未因此走上自暴自弃的道路；相反，她开始活出了更精彩的自我。

那时候，她萌生了做脱口秀演员的想法。为了实现自己的愿望，她过起了白天在百货商场卖口红、晚上在昏暗的小酒吧表演脱口秀的"双栖"生活。

一开始并不顺利，没有经验的她不知道如何才能做好这份工作。更让她难堪的是，每当她鼓足勇气孤零零地站上舞台的时候，她面对的，常常是台下观众的粗鲁挑剔。

但她并未因此放弃，反而越挫越勇。那时候的她，常常在台下反反复复地听别的脱口秀演员的录音带，琢磨别人的表演技巧。在日常生活中，只要一有灵感，她便立即掏出随身携带的笔记本，记下所思所想。

最后的结果自然是好的，自律又努力的米琪，凭借自己的能力，站上了越来越大的脱口秀舞台。

严格来说，我并不是一个愿意将时间花在追剧上的人，但我却格外喜欢《了不起的麦瑟尔夫人》中的米琪。这种喜欢，正是缘于从她的身上，我看到了一个自律者对自己的绝对掌控；看到了无论生活处于怎样的境遇，自律自强的她都能够活出真实的自己，让自己变得越来越优秀。

换言之，米琪身上那种自律到极致和那种即便面对挫折也始终心怀希望的乐观精神，深深感染着我、影响着我。也正是从米琪身上，我悟出了一个重要的道理：越是自律的人，往往越优秀；越是优秀的人，往往越自律。

你与成功之间，差一份自律

2011年，电影《翻滚吧！阿信》正在寻找男主角。彭于晏知道后，主动找到了导演，毛遂自荐想要演男主角。导演说，这是一部根据体操运动员的真实故事改编的电影，会有大量动作戏，要想演男主角，首先就要接受高强度的体能训练。

彭于晏拍着胸脯保证："我可以！"

就这样，他投入紧张的体能训练中，强度几乎和真正的运动员无异，每天十二个小时，雷打不动。那时候，因为训练，他的手上磨出了老茧，筋骨酸痛到握不紧拳头，身上的衣服几乎没干过。

最开始，剧组打算只让他练几个基本动作，剩下的动作请替身完成。可是彭于晏拒绝了剧组的好意，坚持不用替身，由自己完成所有动作。他的理由很简单：如果不亲自上阵体会运动员那种肌肉撕裂的感觉，又怎么能形象逼真地塑造角色，让观众有代入感呢？

而他坚持的结果就是，八个月后，原本对体操一窍不通的他，不仅尝试了大部分的体操动作，还收获了健硕、标准的身材。

命运从来不会亏待努力的人。拍完《翻滚吧！阿信》之后，彭于晏自律、敬业的品质也被点亮了。随之他的事业也迎来了转机，他渐渐被越来越多的人熟知。许多导演听说有这么一个拍戏"不要命"的"疯子"后，都纷纷向他抛出了橄榄枝，导演林超贤便是其中之一。

不久之后，彭于晏出演了林超贤导演的电影《激战》。这一次，彭于晏饰演一位拳击手。和之前一样，他坚决不用替身，所有动作都亲自完成。同样地，为了融入角色，他开始用专业拳击手的标准来要求自己，为了降低体脂率，让自己看上去像一个真正的拳击手，他连续吃了三个月的水煮青菜和鸡胸肉，硬生生将自己的体脂率减到了3%。电影拍完后，他的拳击技术也进步神速，竟能和专业拳击手较量好几个回合。

后来，凭借《激战》，彭于晏一举拿下了香港金像奖最佳男配角奖，从此一炮而红。

《翻滚吧！阿信》中有这样一句台词："如果你一生只有一次翻身的机会，就要用尽全力。"这句戳心的台词，描述的又何尝不是彭于晏本人呢？今天，当我们回过头再来分析彭于晏的成功时，不可否认，这份成功离不开天赋和运气，但更重要的是他的自律和努力。

在现实生活中，我们常常会羡慕别人的成功，眼馋别人取得的巨大成就，可是又有多少人能够看到，在别人的成功、成绩背后所隐藏的拼尽全力的努力和钢铁般的自律呢？

要知道，这个世界上从来没有所谓的幸运儿，大多数人之所以获得成功的机会，或者得以逆风翻盘，只是因为他们更懂得执着地和自己较劲，对自己提出了几近苛刻的要求。

更直白地说，大多数人和成功之间，只差一份自律。

自律的过程很苦，结果却很甜

一个不容忽视的事实是：普通人要想拥有更好的人生，排除天上掉馅饼的可能，自律是唯一的出路。

不可否认，每个人对未来都心存美好的梦想：有的人希望自己拥有值得付出的事业，有的人希望自己拥有可以自由支配的时间，有的人希望自己不断变优秀……而要将这些美好的梦想变成现实，除了要持之以恒地付出努力，更重要的是，你必须足够自律。

正如作家富兰克林所说："我从未见过一个早起勤奋谨慎诚实的人，抱怨命运不好。良好的品格，优秀的习惯，坚强的意志，自律的精神，是不会被所谓的命运击败的。"一个人只有足够自律，才能做到严格要求自己、百分之百掌控自己，朝着目标马不停蹄地前进；一个人只有足够自律，才能吃得了别人吃不了的苦，受得住别人受不住的累，忍受别人无法忍受的孤独和寂寞，最终抵达别人去不了的远方，看见别人看不见的风景。

当然，自律的开始，并不舒服；自律的过程，也很痛苦。它需要我们控制自己的欲望，强化自己的意志力，改变自己的习惯，对抗那些发自内心的不愿、不想，舍弃那些挥之不去、意愿强烈的"想"与"要"。正如《少有人走的路》一书中写的那样："自律，就是一种自我完善的过程，其中必然经历放弃的痛苦，其剧烈的程度，甚至如同面对死亡。"

但是，就如同死亡的本质一样，旧的事物消逝，新的事物才会诞生，自律的结果，一定是甜的。所以我们会看到：职场上表现出色、不断升迁的人，永远是那些当你在家里追偶像剧，他们却在公司奋战加班的人；生活中笑得灿烂、过得舒心的人，永远是那些热爱生活，把自己安排得妥妥当当、井井有条的人；学习中名列前茅、看似能轻易得高分的人，永远是那些闹钟一响就爬起来温习功课、深夜12点还在苦读的人……

总之，世界是公平的，它从来不会辜负一个自律努力的人，也永远不会迁就一个放纵懒惰的人。当我们以能够驾驭自我的王者姿态，经历了自律过程中那些充满孤独的坚持，抵抗住了那些不被理解的心酸，我们便会拥有属于自己的精彩人生。

所以，如果你渴望比现在过得更好，如果你想遇见更优秀的自己，那么就请从这一刻开始，尝试自律，付出时间和精力，持续努力，坚持到底。

二、自律VS不自律，结果大不相同

人和人的差距，不过就在"自律"二字

前段时间，我在参加讲座的时候，曾听一位企业家分享了这样一个故事。

一年前，这位企业家的公司招聘了两位文案策划——刚毕业的职场小白薇薇和已经混迹职场三年的熟手安迪。

当时，他更看好安迪，科班出身的她，过去几年一直从事文案工作，无论从哪个角度看都更为合适。而他对薇薇的期望则明显较低，金融专业毕业的她，几乎没接触过文案工作，算是一张真正的"白纸"。他之所以选择她，一是急需用人；二是当时面试时，她诚恳的态度打动了他。

入职后，他暗中对两人进行了观察。

他发现，薇薇十分自律：每天早上，她都是最早到公司的员工，而且总是把自己收拾得干干净净；只要没有特殊情况，她几乎每晚都会自己做饭，第二天再带来办公室，而且她带的盒饭总是变换着花样；凡是交给她的工作，她从来不会拖延，有时到了深夜，还在群里传文件。

相比之下，安迪就懒散多了，早上经常顶着黑眼圈、踩着点打卡；下班时间一到就开溜；午餐也几乎全靠外卖解决；说起热播剧和娱乐综艺，头头是道；交给她的工作，只要没有明确规定截止日期，她就会一直拖着。

不仅如此，他还发现，相比于安迪，薇薇明显更虚心、更好学。遇到不懂的问题，她总是会不耻下问，四处求教；有一些重大项目，原本没有

指派她参加，开讨论会的时候她也会默默到场，远远地坐在最后一排，认真倾听，认真记笔记；有好几次，原本应该由安迪完成的工作，也交到了她手上……

到这时，他对于破格录用了薇薇，就有了一些暗自庆幸。

一次，他因为处理一个棘手的问题，加班到了晚上 9 点。等他走出办公室时，发现薇薇的工位上还亮着灯。当时，薇薇戴着耳机，正聚精会神地盯着电脑屏幕，他本能地认为，薇薇一定是在蹭公司的网看电影，心里也生出几分不悦。然而，当他走近后才发现，薇薇竟然在上关于文案创作的直播课。

看到他过来，薇薇有些不好意思地解释说，因为今天有个项目必须出稿，加班晚了，回去上课来不及，所以便留在公司上。当时，薇薇的课刚好快上完了，于是，他便等了她一会儿，顺便送她回家。

经过那一路的交谈，他才发现，看似不起眼的她，远比自己想象的更自律、更上进。因为是新人，没有经验，为了尽快提升自己，入职第二天，她便报了线上的文案培训直播课，并且雷打不动地坚持到了现在；她还有运动和阅读的习惯，每天早上，她会准时起床晨跑，风雨无阻，而到了晚上，不管几点钟，睡觉前她一定会先看一会儿书。这些习惯，在她上大学时就养成了，一直坚持到现在。

那天之后，他对薇薇的好感便一路飙升。不久，公司接了一个大单，由于时间紧、任务重，全公司的人拿出百倍的热情，全力备战。原本，他将文案创作的任务交给了安迪，因为相比之下，安迪的经验更多，能力也更强。可是，在连续加了几天班、修改了几次方案以后，安迪竟然直接向他递交了辞呈，理由是工作太累，无法胜任。

安迪的举动让他哭笑不得，但也只有接受。后来，文案创作的重担就落在了薇薇肩上。那段时间，他明显感觉到了薇薇的压力，但最终，薇薇还是扛下了一切，出色地完成了任务。经历了那次考验之后，薇薇也顺理成章地升任了主管，成为公司有史以来晋升最快的员工。

如今，入职不到两年的薇薇已经成为这位企业家最得力的左膀右臂，自律且努力的她，未来不可限量。

听完安迪和薇薇的故事，我很受启发。

许多时候，站在同一起点的两个人，之所以差距越来越大，甚至起点明显更高的人，最终被起点低的人远远甩在了身后，原因便在于是否能做到自律：自律的人，时刻努力向上；不自律的人，始终蹉跎消极。最终，不同的人生态度，也就导致不同的人生走向。

就像安迪与薇薇，同时入职，安迪的起点明显更高，基础也明显更好。可是懒散的她，对待工作却敷衍塞责，虽然混迹职场多年，却依然是一个不断跳槽、普普通通的文案；而职场新人薇薇，因为自律努力，仅仅入职两年，就晋升为主管。

这便是自律者与不自律者之间的差距。

自律者出众

不知道你是否发现，几乎所有出众的人都有一个共同的特点，那就是极度自律。

作为一个持续写作二十年、深受读者喜爱的畅销书作家，村上春树身上最亮眼的标签便是自律。在一次采访中，村上春树分享了自己严格的作息习惯：每天早上4点起床，写作五小时；下午跑步一小时，或者游泳一个半小时；除了每天的固定工作，兴趣爱好就是读书、听音乐；晚上9点就寝。在村上春树的脑海里，几乎没有"暴饮暴食"和"毫无规划"，在他看来，"每天早上睁开眼睛，烧水煮咖啡，端着咖啡杯走向书桌，这一刻，是'幸福的感觉'"。

NBA球员史蒂夫·纳什的自律是出了名的。为确保健康、保持体能，他给自己制订了非常严苛的饮食计划：不沾糖，不吃油炸和深加工食品，不碰巧克力等高热量食物，训练日里坚持少食多餐……正是凭借这份自律，身体瘦弱、背部神经受损、曾被称为"天赋最差的篮球巨星"的他，却获得了"连庄"MVP——连续两个赛季的"最有价值球员"。

谷歌高级工程师马特·卡茨，原本是个肥腻宅男。后来，他给自己定下了一个三十天改变计划，规定自己每天必须做一些之前未能坚持的事情，比如：每天走一万步，不看电视，拒绝糖和高热量食物，不碰咖啡因，等等。这份充满挑战性的自律计划，看似"惨无人道"，却最终将马特·卡茨变成了精神抖擞、充满阳光和活力的另一个人。

许多人眼中的唐家三少，是一个连续五次荣登中国网络作家富豪榜榜首、连续两次入选福布斯名人榜的作家。但鲜为人知的是，他还曾创造过一项吉尼斯世界纪录：连续八十六个月不间断更新作品。唐家三少曾经说过，他每天的日更新作品速度基本保持在八千字左右，每天上午7点、下午5点，会雷打不动更新文章。这个习惯，持续了多年不曾改变。

同样是作家，连岳老师也是自律的典范：他每天早上5点半之前，一定会起床；9点半之前，雷打不动要发一篇文章；每个周末，一定会写一篇读书笔记。这些习惯，从工作开始到现在，他从未改变。

....

像这样的案例,现实生活中还有很多。或许,在许多人眼里,别人的成功看起来似乎不费吹灰之力。但其实每一位出类拔萃的人物背后,都藏着锲而不舍的努力和持之以恒的自律。

著名设计师山本耀司曾经说过:"我从来不相信什么懒洋洋的自由,我向往的自由是通过勤奋和努力实现的更广阔的人生,那样的自由才是珍贵的、有价值的;我相信一万小时定律,我从来不相信天上掉馅饼的灵感和坐等的成就。做一个自由又自律的人,靠势必实现的决心认真地活着。"很多时候,我们不是因为出众才自律,而是因为自律了才出众。

不自律者出局

《克雷洛夫寓言》中有这样一则寓言故事:

一位骑师驯服了一匹好马,他自信满满地认为,这匹马已经不需要缰绳,因为自己已经有足够的能力对付它。于是,某天出门骑马的时候,骑师便解掉了马缰绳。

没想到,在缰绳解开的瞬间,摆脱了束缚的马立即在原野上狂奔起来,骑师一下子就被甩了出去,摔得鼻青脸肿。不仅如此,失去了控制的马,也因为跑得过快,失去了方向感,一头冲下了深谷,粉身碎骨。

一条小小的缰绳,却左右着一人一马的命运。这根缰绳,隐喻的又何尝不是自律?

在现实生活中,因为解开了"缰绳"而摔得头破血流的人,比比皆是。一次在闲聊的时候,客户梅梅就曾和我"八卦"过这样一个故事:

高中时代，梅梅有个同学名叫晓玲。晓玲是一个非常优秀的女孩，聪明伶俐的她，成绩优异，文笔极佳，从小就是父母口中"别人家的孩子"。后来，她不负众望考进了名牌大学，迈上了人生的新台阶。而梅梅也和她考上了同一所大学，两人再次成为校友。

或许是由于进入大学后，突然没有了父母的约束；或许是因为经过这些年的苦读，好不容易放松了。总之，走进象牙塔的晓玲，完全松懈下来，不仅不再认真学习，还迷上了网络游戏。

起初，她只是利用晚上的时间玩，可是由于休息不好，第二天总是哈欠连天。渐渐地，因为玩游戏的瘾越来越大，她干脆大白天也翘课躲在宿舍玩。到最后，翘课成了一种习惯，一学期下来几乎很少在课堂上看到她的身影。

由于功课耽误了太多，等到考试时，挂科就成为她的家常便饭。大三那年，按照学校的规定，晓玲留了一级，可即便这样，她的状态依然没有改变。最后，由于挂科太多，学分严重不够，她连毕业证书都没拿到。

晓玲的不自律，不仅耽误了她的学业，还影响到了她的健康。那时候，因为晚上打游戏、白天睡大觉，她的作息极不规律，整个人的状态也变得极差，完全没有了过去意气风发、活力无限的模样。不仅如此，由于饮食不节制，几乎不运动，大一下学期，她开始发胖，等到了大三，原本苗条纤瘦的她，已经完全变了模样。

就这样，别人的大学四年都在不断地向上变好；而晓玲的大学四年，却变成了人生的疾速下坡道。

前段时间，梅梅回老家的时候，意外见到了晓玲。在一家超市做收银员的她，看到梅梅后竟有些闪躲。那一刻，梅梅内心五味杂陈。她告诉我，

015

原本，寒窗苦读多年的晓玲，应该拥有更好的人生，可是因为自己的不自律，最终过上了平庸的生活。

正如康德所言："自律，使我们与众不同，令我们活得更高级。也正是自律，让我们获得更自由的人生。"自律是一种自省、一种觉悟，当自律成为一种习惯后，我们就会变得越来越优秀；反之，如果一个人失去自律，那么，他的生活就会陷入混乱，距离优秀自然越来越远。

自律者出众，不自律者出局，此刻正在阅读的你，是希望自己出众，还是宁愿自己出局呢？我想，答案一定是前者。

三、懂得自律，才是人间清醒者

自律者，懂得节制的美好

一位网友曾经和我分享过自己年轻时的故事。

那时候，她只有二十来岁，正是青春洋溢、朝气蓬勃的年纪。那时的她，朋友多，人缘好，胃口也好，常常和朋友们约在烧烤店，喝酒吃肉，大快朵颐，肆意欢笑。即便她一个人待在家里，也喜欢研究各种美食，以满足自己的口腹之欲。而且，她吃起东西来，总是毫无节制，只要吃得下、只要自己喜欢，就拼命往嘴巴里塞。

有一次，她和一位不太熟悉的异性朋友一起吃饭，那个饭局，实际是家人安排的相亲局。那天，当她一口气吃完四盘羊肉，又啃掉两盘鸡爪后，坐在对面的异性朋友眼睛瞪成了铜铃，感慨地说："你的胃口太好了，怎么能吃这么多！"

可想而知，人生的第一场相亲，就这样以"惨败"收场。

由于贪恋美食，不懂节制，她如同被吹鼓的气球一般，以肉眼可见的速度胖了起来。最夸张的时候，她的体重增至一百三十斤。

胖胖的她，让母亲十分忧心，生怕她找不到男友。

为了让母亲宽心，同时也考虑到自己的健康问题，她下决心减肥。

那是一个无比艰难的过程，尤其是在减肥之初，因为她要对抗的既是自己的原始欲望，也是自己的固有习惯。但凭借强大的意志力和坚定的决心，她坚持了下来：减少饭量，和高热、高糖食物说再见，不再由着自己的性子胡吃海喝，一向不爱运动的她，还开启了运动模式。

刚开始，的确感觉很苦、很累、很残酷。渐渐地，她便感受到了节制的美好，并爱上了这种自律的生活。她发现，当她不再毫无节制地暴饮暴食时，反而更能感受到食物的美好。并且，在慢慢瘦下来的同时，她整个人的状态也一点点好起来了，心更静了，工作效率更高了，人也变得更积极了。

这位网友的故事，很能引发我的共鸣。

初中时代，我也曾是个胖胖的女孩。那时候，或许是由于正在长身体，我对食物充满了渴望，每顿要吃两大碗，而且无肉不欢。记忆尤深的是一个晚上，做完作业后我肚子极饿，就悄悄跑到厨房觅食。结果，找了半天，只找到一碗剩饭。于是，我就着酱油，吃完了那碗剩饭。

直到今天，母亲还会时不时地拿这件糗事笑话我。

后来，随着年纪的增长，我开始有了爱美的意识，每次看到那些身材纤瘦、体型优美的女同学穿上漂亮的花裙子，都会心生羡慕。因为胖，中学时代的我极少穿裙子。不仅如此，胖身材还给我带来了运动的困扰——每次体育课练习长跑时，我总是气喘吁吁，成绩垫底。这让我十分懊恼。

在爱美之心和自尊心的双重作用下，我决定减肥。

当时的我，能想到的减肥方法只有控制饮食。于是，我开始有意识地减少食量，从原来的每顿两碗饭，到后来每顿只吃半碗；从原来总是吃到撑，到后来只吃七八分饱。与此同时，我还戒掉了零食和饮料，对于一些以前深度迷恋的高糖、高热量美食更是极力回避。

这种有节制的生活，很快便让我尝到了甜头。我的体重慢慢降了下来，因为摆脱了胖的困扰，身边的朋友也逐渐多了起来。更重要的是，我开始在这种有节制的生活中,找到了极好的学习状态和极强的自我掌控感。我发现,随着克制习惯的慢慢养成,我不仅在食物上做到了克制原始欲望,还在其他方面做到了。

比如,以前在家学习时,如果有人喊我出去玩,我会立马丢掉书本和笔,乐颠颠地跑去玩耍;可是后来,我却做到了拒绝。再比如,以前看到某个想要的东西,我会抑制不住地想买下来,可是后来,我做到了克制。

如今,我的中学时代已经过去许久了,可是我依然保持着那个时候养成的自律习惯。回忆起过往,有时候,我会特别感谢当年的自己,正是那段难忘的减肥经历,让我早早体会到了节制的美好,进而为我后来的自律人生开了个好头。

《少有人走的路》中有这样一句话:"自律是解决人生问题最主要的工具,也是消除人生痛苦最重要的途径。"许多时候,当我们真正学会了克制,做到了自律,懂得了节制的美好,我们面对的,便是一个与众不同的世界,很显然,那是生活中最好的一面。

自律者,能掌控自己的生活

许久之前,因为工作的关系,我曾拜访过一位老人。时至今日,关于这位老人的点点滴滴,还时常出现在我的记忆里。

老人是一位退休的大学教授,见面时,她已经七十多岁了。独居的她,将不大的房子收拾得干干净净,小小的院子里,种满了各种说不出名字的花花草草,抬眼望去,开得热热闹闹的蔷薇和那些造型别致的盆景,让人心旷神怡。

在聊到自己的生活时,老人说,她每天早上 6 点不到就会起床,锻炼半小时后开始读书,8 点吃早饭,上午写作两个小时,午休过后再练字两小时,晚上读报看新闻,闲暇时摆弄摆弄花草。这种规律的生活,从退休开始,老人已经坚持了近十年。也正是得益于这种自律,已七十多岁的她,还能保持每隔几年便出版一本专业著作的效率。

在那次拜访中,老人还提到了自己的求学经历。

老人出生在农村,父母都是文盲,但她从小就知道读书的重要性,也有极强的学习自觉性。无论严寒酷暑,小小年纪的她,总是天不亮就起床,先温习一小时功课,再吃饭上学。放学后,除了完成老师布置的作业,她还会坚持多复习一小时,以巩固当天学过的知识。有时候,家里杂活多,帮父母干完活就已经很晚了,她依然会打着手电筒完成这一小时的复习,雷打不动。寒暑假,她也从不放松,规定自己每天必须学够四小时。

在那个并不富裕的时代,家家户户都过得捉襟见肘。除了上学,孩子们往往还要担负起放牛、拾柴火等简单的劳作。在经济和精力都十分有限的情况下,再加上当时人们普遍不重视学习,大多数人坚持不下去,便早早选择了辍学。可她却咬牙坚持了下来,不管条件多么艰苦,始终没有放弃求学。那时,村民们常常会看到,放牛的她,手里捧着一本书,牛在悠闲地吃着草,她在旁边认真地看书。

后来,她成为村里的第一个大学生,村里人都以她为荣。有次回乡探亲,村里的长辈问她:又没人逼你用功,你那时怎么那么努力?她笑着回答:用功本来就是我自己的事情,哪里需要人逼呢?

老人说,自律让她的人生发生了翻天覆地的变化。因为自律,她改写了自己的命运；因为自律，她的生活节节攀升；也因为自律，即便到了晚年，她也活得和年轻人一样生机勃勃。

美国前总统西奥多·罗斯福认为："有一种品质，可以使一个人从碌碌无为的平庸之辈中脱颖而出，这个品质不是天资，不是教育，也不是智商，而是自律。"

诚然，每个人的生命都只有一次，秉持怎样的态度度过这宝贵的一生，选择在有限的生命里过怎样的生活，也就决定了我们在这个世界上存在的意义。相比于放纵消极、浑浑噩噩，我更喜欢积极向上、自律努力的生活方式。因为懂得自律的人，往往拥有更强的目标感，往往更清楚自己应该去哪里。并且，他们往往拥有达成既定目标、去往想去的远方的能力。

正如康德所言："所谓自由，不是随心所欲，而是自我主宰。"一个人只有首先养成了自律的习惯，才能更好地掌控自己的生活。

自律者，能遇见更好的自己

在一次商业活动中，我认识了优雅知性的"女强人"蓉姐。那天，身着宝蓝色精致套装、笑起来温柔坚毅的她正在台上做经验分享。当她说到自己的年龄时，我不禁在内心暗暗惊叹：眼前这位身材纤瘦、皮肤细嫩、魅力四射的女人怎么可能已经年近四十岁？再后来，当我听到她已经是两个孩子的妈妈时，内心的惊讶又一次升级。

那次活动结束后，因为工作关系，我和蓉姐又见过几次。渐渐地，因为圈子互通，性格相投，我们成了经常约着喝茶聊天的好朋友。在某次聊到职场女性的话题时，我忍不住向她抛出了心中一直藏着的好奇——儿女双全、家庭幸福、事业有成的她，是如何做到这一切，成为人生赢家的？

蓉姐喝了一小口咖啡，很认真地回答了两个字：自律。也是在那天下午，我第一次听说了蓉姐的故事。

大学毕业后，蓉姐和恋爱十年的先生走进了婚姻殿堂，成为一名"毕婚族"。后来，由于很快有了孩子，蓉姐便辞职回归家庭，当起了全职妈妈。那些年，蓉姐和先生男主外、女主内，日子过得红红火火，一切看起来十分美好。

然而，外人眼里的幸福生活，在蓉姐这里却打了折扣。随着先生的事业越做越大，蓉姐觉得始终在原地踏步的自己与先生的差距越来越大，两个人的共同话题也越来越少。

不仅如此，整日围绕着孩子和先生转的蓉姐，身材变得臃肿，皮肤变得粗糙，整日蓬头垢面，早已没有了当年"校花"的影子。一次同学聚会，几年未见的大学室友见到了她，开玩笑地直呼"岁月是把杀猪刀"。

那次聚会让蓉姐备受打击，回来后，她决定做出改变。为此，她专门给自己制订了一个近乎苛刻的"回归计划"：每天清晨5点半起床，运动一小时；6点半做饭，7点半叫孩子起床，8点送孩子上学，然后看书、学习；晚上10点一定要上床睡觉，坚持睡前泡脚；每周至少跑步三次，读一本书，与朋友聚会一次；周末，一天用来陪孩子，一天用来提升自己，插花、烹饪、舞蹈……上各种课程。

蓉姐发现，当她的生活逐渐自律起来后，一切都变得不同了：以前，她每天围着孩子、先生转，现在，她有了自己的生活；以前，她总觉得时间不够用，日子过得混乱又糟糕，现在，她可以有许多时间做自己喜欢做的事情，每天的生活也安排得井然有序；以前，她总是不注重自己的形象，现在，她每次出门前都会把自己收拾得整整齐齐、漂漂亮亮……

渐渐地，蓉姐感觉过去那个美丽大方、自信优雅的自己又回来了。在这个过程中，由于有了更多时间，蓉姐开始接触短视频。渐渐地，她运营的短视频账号竟然也有了起色，成了一份事业。

那时候，她已经和先生齐头并进了。在迎来事业的第一个高峰期时，她发现自己意外怀孕了。当时，先生有些担心，怕本身就忙碌的蓉姐招架不住，但蓉姐却幸福地接受了命运的这个馈赠。她知道，已经养成自律习惯的自己，拥有面对生活的能力和勇气，更有不论面对什么都能把生活越过越好的信心。

诚如蓉姐所愿，如今的她，有着多重身份：她是两个孩子的妈妈，是先生的妻子，是企业的创始人，更是她自己。自律的她，把每一个角色、每一种身份都做得十分称职；自律的她，正不断地遇见更好的自己。

四、关于自律的三个真相

自律的人，懂得自爱

你听过的最靠谱的自律理由是什么？我听说过的最靠谱的自律理由是——"怕死"。这个答案，来自朋友的爷爷。

一次，在和这位朋友聊到自律的话题时，他一脸自豪地告诉我，他的爷爷就是一个非常自律的人。

朋友说，年幼的时候，因为家里孩子多，负担重，爷爷常常吃不饱饭，身体羸弱。为了使体质变好一点，他便跟着一位远房亲戚练了几年武术。那时候，他总是天不亮就往师父家里赶，跑步、蹲马步、打太极……一两个小时后，再回家帮父母劈柴、担水、干农活，日复一日，坚持了好几年，从未间断。因为长期锻炼，渐渐地，他的身体强壮起来了，一年到头很少生病。

后来，那位远房亲戚搬走了。尽管没有了师父的监督，但看到锻炼给自己的身体带来的改变后，爷爷便自觉地将晨起操练的习惯保持了下来，一直延续至今。

除了几十年如一日地坚持锻炼，爷爷的自律还体现在从不沾染不良嗜好上。成年后，爷爷靠在煤矿上干体力活养活家人。在辛苦、枯燥的工作之余，工友们总是喜欢聚在一起喝酒、抽烟，爷爷却不参与。朋友说，老一辈的亲人都说，爷爷年轻的时候也是抽烟、喝酒的，直到有一次，一位工友因为喝酒误事，在回家的路上滚下小山坡摔断了腿，此后爷爷便立誓戒烟、戒酒。所以，他们印象中的爷爷，滴酒不沾，这在爷爷那群共事多年的工友中甚是罕见。

常年的锻炼和自律、规律的生活方式，让爷爷即便到了老年，也依然精神矍铄、身体健康，看起来比同龄人年轻许多。

有一次，朋友在和爷爷聊天的时候，半开玩笑地问他："您怎么有这么大的毅力，几十年如一日地锻炼身体，而且成功地戒了烟和酒？"

爷爷用一贯洪亮的声音笑着回答："因为我爱惜自己的身体，'怕死'啊！"

朋友说，爷爷的话尽管有几分戏谑，却道出了自律者普遍拥有的一个特质——足够自爱！也是从那时起，对自律有了更深刻理解的他开始明白，原来一个人想要自律，首先要学会自爱。

对于朋友的观点，我深表赞同。正如王菲在《给自己的情书》中唱的那样："自己都不爱，怎么相爱，怎么可给爱人好处？"生活中，越是优秀的人，往往越懂得爱惜自己、照顾自己。

比如，他们从来不会昼夜颠倒、暴饮暴食，因为他们懂得，这些都会伤害他们的身体，危害他们的健康；他们从来不会萎靡不振、消极抱怨，因为他们知道，这些都会影响他们的心情，让他们的生活陷入"消极抱怨—抵触—不作为—境况更糟糕—更加消极抱怨"的恶性循环；他们从不会在无聊的电视剧、短视频上白白浪费自己的时间，因为他们知道，钱要花在"刀刃"上，时间更要用在"刀刃"上。

世界充满了未知，它的公平之处就在于，我们无法预知明天会发生什么，也无法知道未来会呈现出怎样的走向。但是，努力把眼下的生活过好，好好地爱自己，却是每个人都能够做到的，而这正是人与人之间拉开差距的原因。

自律的人，都有明确目标

什么是自律？我眼中的自律，就是有目标有方向，积极主动地做事，坚定不移地执行计划，最终得到自己想要的结果。

按照这个标准，我能想到的"自律第一人"，正是小冉。

几年前，我在一次活动中结识了小冉。那时候，刚刚大学毕业的她，是一个合作伙伴的助理。当时，我们两家公司一起组织了一场活动，尽管年纪轻轻，但小冉却在那场活动中展示出了自己泼辣能干的一面，给我留下了极深的印象。

后来，我们和对方公司又合作了几次，渐渐地，我和小冉也熟悉起来。一次，在谈到对未来的规划时，我问小冉：以后想做什么？小冉想也没想便脱口而出：做企业家！

小冉告诉我，从上大学开始，她对自己的未来就有明确的规划——一定要成为董明珠那样的女企业家。因此，师范毕业的她，并没有像身边大多数同学一样，考编制做老师或者进入稳定的大企业工作，而是选择了这家刚刚创立不到一年的公司，做老板的助理。

小冉的回答，让我既吃惊又佩服——吃惊的是，作为一个90后女生，她竟然有这样的志向；佩服的是，她确实比一般女孩更成熟、认知更高、更优秀。

再后来，随着了解的加深，我也开始明白小冉为什么有如此大的决心，并坚信她一定能实现自己的梦想。

之所以这样说，是因为在我认识的90后女孩中，小冉绝对称得上是非常自律、非常努力的那一个。我曾经在小冉的办公室看到过她自制的作息时间表，至今，我还对那张表记忆深刻：5:30起床；5:40—6:20运动；6:40 出门上班；7:50 开始工作；11:30—13:30 午餐＋午休＋线上学习；13:30 开始工作；17:30—18:00 写工作日志和总结；20:00 看书学习；23:00 睡觉……

作为助理，小冉的工作忙碌又烦琐，但做起事来风风火火、雷厉风行的她，效率却极高。许多次，我通过观察发现，在工作之余的休息时间、吃饭时间，她要么捧着一本书读，要么戴着耳机、看着手机，认真地上课。

如今，几年过去了，小冉已经成了那家初创公司的合伙人，朝着自己的目标迈进了一大步。

自律的人，往往都有着强烈的愿望和明确的目标。这是因为，只有当一个人真正渴望成功，真正想要干成某件事情的时候，其才会有足够的毅力去支撑自己的自律行为，做应该做的事情。要知道，长期的自律，需要的不仅是对自己狠，更需要内心强烈的渴望，自己是发自肺腑地想做这件事，并且在做完之后，能不断感受到做这件事的益处，然后坚持下来。

换言之，对一个真正的自律者而言，每天叫醒自己的一定不是闹钟，而是坚定不移的目标和美好可及的梦想。

关于这一点，小冉无疑是最好的例子。

自律的人，不愿意过得太舒服

真正想要变好的人，会不停地突破自己的"舒适圈"。

我认识的一位公务员，起初，她在一家基层银行工作。那家银行位置偏僻，业务不多，工作节奏也相对较慢，家人都对她的工作很满意。

可是她自己却一直心有不甘。工作了七八年后，依然还做柜台工作的她，决定利用空闲时间考公务员。当时，她已年近三十岁，女儿刚刚两岁，先生工作也忙，一家人都不支持她的决定。在他们看来，她的工作已经很稳定，有那份闲心，还不如多花点时间照顾孩子、照顾家里。

可她却铁了心要考。她觉得自己的人生才刚刚开始，不应该在这种温水煮青蛙的状态中蹉跎，而应该有更高的追求。

那几年，公务员考试竞争已经十分激烈，加上她又是全职备考，且年纪不占优势，记忆力逐渐下降，所以，备考压力非常大。但她没有放弃，而是铆足了劲决定全力以赴。

每天早上，她5点多钟就会起床，在灯下学习一个半小时后，再去准备一家人的早饭、帮孩子起床；白天，她要努力工作，没有整块的复习时间，便利用午休和吃饭的时间看书、学习；晚上回到家，吃完饭、哄睡孩子就已经八九点了，她规定自己必须学满三小时；周末的时候，她会用半天时间陪伴孩子，其余的时间，全部花在线下培训班上。

就这样自律且努力地坚持了半年后，她终于得偿所愿，以笔试第一、面试第二、总分第一的成绩，考上了心仪的岗位。

如今，她在新的岗位上干得有声有色。相比之前在银行的工作，如今的她尽管工作更辛苦了，面临的挑战也更大了，她却觉得活得更有奔头、更有冲劲了。

从这位公务员朋友的故事中不难看出：真正的自律者，一般都不愿意过得太舒服。因为他们知道，最舒服的状态，往往也是最危险的人生状态，它不仅会消磨我们改变和努力的动力，让我们变得懒惰松懈、不思进取，而且会蒙蔽我们的双眼，让我们自动选择将外界如火如荼的竞争统统屏蔽，甚至产生一种优越于他人的错觉。他们更知道，有着强大自控力、懂得节制的自己，拥有足够的改变现状、迎接挑战、战胜困难的决心和能力。

正如村上春树所言："抛舍不下这份舒适惬意的温暖，就像寒冬早晨不敢钻出热乎乎的被窝。"在这个世界上，人人都有属于自己的舒适区，在这个舒适区内，我们游刃有余，我们惬意自在。只不过，如果一味地流连于这个舒适区，那么，我们的人生，也就迎来了最大的危机。

正如一位美国作家所说："真正的人生始于你走出舒适区。"或许，自律的开始是痛苦的、艰辛的、难熬的，但当你开启了自律的大门，你就会发现，你已经走进了人生的一个新世界。

PART 2
自律不痛苦，假装自律才痛苦

自律不痛苦，假装自律才痛苦。当你在朋友圈打造着虚拟的自律"人设"；当你不加分辨，盲目跟风自律；当你错把"他律"当作自律；当你用仅够维持"三分钟"的热度，代替自律的持续发力……或许，你一开始就走进了自律的误区，注定与自律无缘。

一、你所谓的自律，也许只是"伪自律"

真正的自律，不是做给别人看，而是做给自己看

我有健身的习惯，无论工作多忙，每周总有那么一两天，我会准时出现在健身房，打卡锻炼。去的次数多了，渐渐地，和经常一起健身的人也就熟悉起来了。

其中，有位姑娘给我留下非常深刻的印象。

几乎每次去健身房，我都能碰到这位姑娘。她生得很美，拥有高挑的个头，白皙的皮肤，常常穿一套黑色时髦运动服，马尾绑得高高的，在人群中，显得十分特别，让人忍不住多看几眼。

当然，我之所以关注她，并不完全因为她的长相与打扮，更是因为她的举动——我发现，她每次走进健身房后并不运动，而是掏出手机，摆出各种运动姿势，咔嚓咔嚓自拍，然后迅速离开。

客观地说，我去的这家健身房并不算便宜，对于姑娘花不菲的价格，浪费宝贵的时间，到健身房自拍的举动，我一开始十分不解。

一次，姑娘的手机没电了，四处找充电器，刚好我们用同一款手机，我便主动借给了她。姑娘很有礼貌，归还时认真地向我道了谢，并加了我的微信。那天训练完，我无意中点开了姑娘的朋友圈，这才解开了心中一直存在的疑惑。

原来每隔三五天，姑娘的朋友圈都会发布一条"运动"打卡信息。那些在健身房里拍下的"健身美照"，都毫无悬念地出现在了打卡信息中，再配上诸如"运动打卡，自律的感觉真好""今天又是自律的一天"之类的文字，看上去确实会给人留下一种热爱运动、自律认真的印象。而在每条"朋友圈"的下面，都有来自共同好友（健身房教练、前台等）的点赞或称赞的评论。

翻完姑娘的朋友圈后，我五味杂陈。也是从那一刻起，我开始明白：原来许多人的自律，只是自律给别人看的。只是，我不明白，花费大量的时间、精力，甚至金钱，只为营造一种朋友圈里的自律假象，只为追逐一种伪装的自律，意义何在？

在我们身边，或许还有许多和这位姑娘一样的"自律者"。看起来，这些"自律者"似乎对自己总是有着严苛的要求，他们展示给他人的生活状态，也总是积极向上、自律自强。可是一旦脱离了朋友圈、短视频这些记录生活却远离现实的网络平台，一旦撕下了蒙蔽他人更蒙蔽自己的自律的伪装，他们便露出了懒散、放纵的真面目。

真正的自律，不需要用嘴巴宣传、用图片证明，因为自律本身就是最好的证明和宣传。那些挂在嘴边的自律和发在朋友圈的自律，除了能感动自己，起不到任何作用。要知道，骗别人很简单，骗自己却很难，结果永远不会说谎，那些"掩耳盗铃"式的自律，最终也会得到相应的结果；那些脚踏实地的自律，最终才会取得实实在在的效果。

真正的自律，不是盲目跟风，而是心之所向

前段时间，朋友安安约我喝茶。见面后，她点了两份蛋糕，一边同我聊天，一边大快朵颐。

"不减肥啦？"我打趣说。

"呃，别提了，彻底失败。"安安一边吃，一边笑着回答。

一个月前，安安在同学聚会中见到了好朋友方慧。不见不知道，一见吓一跳。安安发现，几个月没见，方慧至少瘦了十斤。原本微胖的她，变苗条了，整个人看上去自信又优雅。

方慧的变化，让安安十分感慨。她和方慧关系很要好，两个人个头儿差不多，身材也相似，之前走在一起，常常被人打趣为"双胞胎"。现在，方慧瘦下来了，受了"刺激"的安安也想减肥瘦身。她私底下向方慧取了经，甚至要来了减肥食谱和运动方案，当即便决定要开启自律模式，努力减肥。

最初的一个星期，安安确实做到了，她每日饮食清淡，再忙也会抽时间运动，甚至，一向爱热闹的她，连我的火锅聚餐邀请都拒绝了。一个星期过后，安安的决心和意志开始动摇了，看到好吃的，安安会允许自己吃一口；有时候不想动，她也会允许自己休息。如今，一个月过去了，安安早就完全放飞自我了，把"减肥""自律"等字眼抛到了九霄云外。

"自律真的太痛苦了，每天心里有个声音强迫自己坚持，另一个声音又告诉自己放弃。所以，我投降了。"在吃掉最后一口蛋糕后，安安无奈地说道。

那天，我没有让话题再继续下去。事实上，在内心深处，我很想告诉安安，她之所以觉得自律的过程太痛苦，是因为她的自律，始于盲目跟风，而并非出于自愿。这样的自律，缺少了坚持的动力和继续的决心，充其量只能称之为"伪自律"。

现实生活中，类似的"伪自律"并不少见：看见别人健身，练出了马甲线，自己心生羡慕，于是也想开启自律模式，坚持每天健身；看到别人阅读量丰富，自叹弗如，于是也想努力一把，坚持每天看书；看到别人三个月考过雅思，自己也想尝试，于是制订了学习计划，果断地加入学习大军，熬夜背单词……只不过，这些建立在"跟风"基础之上的努力与自律，往往还未开始，就已经败下阵来。

作家桐华曾说："最终能让人成功的，还是不带任何功利心的兴趣。"从某种意义上说，自律等同于通透，不管在任何时候，对待任何事情，只有当你看清了自律的重要性，想明白了为什么要自律，以及自律能给自己带来什么，你才能从内心深处接受自律，认同自律，进而自发自愿地按下自律键。

所以，真正的自律，不是盲目地跟风，更不是看到什么好就去做什么，而是选择从当下最重要的事情开始，自发自愿地尝试和坚持。

二、自律还是他律？别让假象欺骗你

你所谓的自律，或许只是他律

前两天，员工小赵向我抱怨："都说二十一天能养成一个好习惯，我看未必。之前，我想晨起锻炼身体，为了监督自己，我还特意加入一个晨跑群，每天在群里打卡，硬生生坚持了两个月，倒是颇有成效。可是前段时间，因为家里有事，我断了一个星期，等到家里的事情处理完，我再想重新开始时，却发现自己根本坚持不下去了。"

听了小赵的抱怨，我笑了笑没接话，可她的经历却引发了我的深思。我想，在现实生活中，小赵的这种情况，在多数人身上或许都曾发生过。

比如，萌生了早睡早起的想法，于是信誓旦旦地决定坚持。为了"逼迫"自己做到，特意加入一个"早睡早起"群，找到一群志同道合的群友，每天睡眼惺忪地爬起来关掉闹钟后，第一件事就是在群里打卡。可是坚持了两个星期后，再也坚持不下去了，晚上依然熬夜，照常中午起床。

再比如，看到某个三十天读书打卡活动，觉得很有意义，于是动了心思，兴冲冲地加了群、报了名，暗下决心一定要坚持。最初的几天，每天回到家第一件事就是翻书阅读，哪怕没有时间也要一边忙家务一边听书，兴致勃勃；没过几天，便开始拖拉，总要拖到没时间再拖才慢吞吞地拿起书，匆匆阅读几页；好不容易熬完一个月，感觉终于解脱了，再也不用苦哈哈地翻书了，心里也松了一口气，整个人神清气爽。

"一百天攻克拖延症"计划、"二十一天习惯养成"活动、"三个月疯狂口语"训练群……在现实生活中，总有一些瞬间，当你看到类似的活动时，在内心"变得更好"愿望的支持下，你会毫不犹豫、信心满满地加入。甚至，许多时候，当你产生了坚持阅读、坚持锻炼、坚持早起的自律想法时，为了鞭策和敦促自己，你还会主动寻找"组织"，加入相应的打卡群。

如果你问我，这些活动的开展、这些打卡群的设置，有意义吗？我会毫不犹豫地告诉你——有！但倘若你问我，它们真的有用吗？我只能遗憾地摇摇头。实事求是地说，这些活动的开展、这些打卡群的设置，对大部分人而言，恐怕作用不大。

原因很简单：当你想做某件事时，却需要借助外界的力量督促自己，那么这件事一般是做不成的。要知道，由外界督促而产生的自律，只是一种"他律"。

不可否认，想自律的愿望是美好的、值得肯定的。在决定开启自律模式之前，也许你经历过或者正在经历非常具体的短期阵痛或长期煎熬，希望通过自律对抗内心的负能量；也许你急切地想养成某种习惯、改变某种现状；又或者你是受到了身边同事、朋友的影响……总之，无论你因为什么而决定自律，最重要的是，当你走上自律之路时，你依靠的一定是自己内心坚定的意志，而不是来自他人或外界的支撑力量。

他律是外因，受环境和他人的干扰

我曾在书上看到过这样一个实验。

实验者将五只猴子关进了一个铁笼，然后在铁笼里放了一把香蕉。看到这把香蕉后，猴子们眼睛放光，都很兴奋。其中一只胆大的猴子，率先伸出手，准备去抓香蕉。这时候，实验者拿起一旁的高压水枪，对那只跃跃欲试的猴子进行攻击，其他四只尚未行动的猴子也受到了不同程度的"牵连"。一时间，猴子们都变得老实起来了。

过了一会儿，缓过劲来的猴子们又开始兴奋起来，在集体观望的时候，另一只胆大的猴子走到香蕉跟前，准备去抓香蕉。于是，实验者故技重施，再次用高压水枪"惩罚"了猴子。几个回合下来，猴子们都变得老实了，再也没有尝试上前去抓香蕉。

又过了一会儿，实验者往铁笼里放了一只新猴。当新来的猴子看到笼子里的那把香蕉后，显得异常兴奋，迫不及待地想去抓。令人意想不到的是，就在这只不知天高地厚的猴子迈出第一步的瞬间，其他五只因想抓香蕉而受到高压水枪"惩罚"的猴子一拥而上，极力阻止新猴靠近香蕉。尽管新猴不明就里，可是因为遭到了旧猴们的阻止，新猴也乖乖地投降了，远离了香蕉。

就这样，六只想吃香蕉的猴子，成了循规蹈矩的自律的猴子，谁也没有试图再去触碰香蕉。

那么，在这个实验中，猴子们的自律，究竟是如何做到的呢？

通过分析不难发现：前五只猴子在想得到香蕉的过程中，一再受到高压水枪的"惩罚"和干涉，连续几次之后，它们明白了只要靠近香蕉，便会遭遇高压水枪的攻击，于是个个变得老实，谁也不敢造次了。这种"自律"，正是迫于环境的压力，受环境的影响。

后面新来的那只猴子，因为不曾经历过高压水枪的惩罚，甚至不知道高压水枪的存在，因此在看到香蕉的瞬间，本能地想要去抓。这时候，因为其他五只猴子遭受过高压水枪的"惩罚",明白如果新猴去抓取香蕉,它们也会跟着"遭殃",于是对新猴进行了强烈的阻挠。而在同伴们的阻拦下,新猴也明白了香蕉不能触碰的事实,便自觉加入了"自律"的一群。这种"自律",正是迫于同伴的压力,受到"他人"的影响而形成的。

毋庸置疑,无论是受环境影响而进行的自我约束,还是受他人影响而进行的自我约束,都是一种"他律"。

在现实生活中,人们在"他律"作用下呈现出的"自律"现象十分普遍。

比如,某天清晨,极度不想早起的你贪恋被窝的温暖,想要再眯一会儿,可是迫于公司"不能迟到"的规章制度,你依然极不情愿地起床、穿衣、洗漱,然后准时出现在了自己的工位上;再比如,你原本并不是很爱学习的学生,可是在父母、老师的督促下,你还是选择了认真学习、刻苦努力……

你发现了吗?这些表面的"自律"都不是发自内心的,都是被动的、迫于外部压力而做出的。因此,它们都不是真正的自律,而只能称为"他律"。

自律是内因,是自觉自愿地坚持做某件让自己变得更好的事情

许衡是我国古代杰出的理学家、教育家。关于许衡,最为后人津津乐道的莫过于其"不食梨"的故事。

一年夏天,许衡和许多人一起逃难。在经过河阳时,由于长途跋涉,加上天气炎热、酷暑难耐,大家感觉又渴又饿,十分疲惫。

这时,一个眼尖的人发现不远处的道路旁栽着一棵梨树,梨树上结满了硕大、香甜的果子。这个发现令大家非常兴奋，饥渴难耐的他们都觉得这棵梨树是天赐的宝贝，于是蜂拥而上，你争我抢地开始摘梨子吃。正当众人在树下交口称赞梨子是多么香甜可口时，却发现许衡端坐在原地，一动不动。

有人觉得奇怪，跑过去问他："许衡，你为什么不去摘个梨子来解解渴呢？"

许衡回答："那梨树又不是我的，我怎么能随便去摘梨子来吃呢？"

同行的人觉得许衡傻，纷纷劝他："如今兵荒马乱，大家都在逃难，这棵梨树的主人恐怕也早已离开这里了，既然没有了主人，你又何必介意呢！"

许衡却语重心长地说："这棵梨树虽然没了主人，可是我的心却有主人啊！"

事实上，和大家一样，长途跋涉加上酷暑难耐的天气早已让许衡饥渴交加，可是在面对不属于自己的梨子时，他却忍住了想吃的欲望，没有和其他人一样摘梨解渴。从这个故事中，我们不难看出，许衡的确是一个品德高尚、自律自觉的人。而这份自律的养成，正是缘于许衡内心一直存在的"心的主人"，缘于其对道德操守自发自愿的坚持。

由此可见，尽管都有一个"律"字，但与需要依靠外部力量、受环境和他人干扰的他律不同的是，自律是一种主动的、内在的、靠自身定力实现的自我约束，它比他律更高级、更重要，也更难。

生活在这个纷繁复杂、诱惑颇多的世界，我们每个人的内心，都住着一头或懒惰，或冲动，或消极的猛兽，而驯服这头猛兽，让我们不断朝着更好的自己、更光明的未来前进的，正是发自内心、不需要他人和环境督促、不受他人和环境影响的自律。

从这个角度而言，自律是内因，是自觉自愿地坚持做某件让自己变得更好的事情。它的出发点，绝不是为了社交、作秀或者满足内心对所谓"正能量"的虚伪追求；它的底层逻辑，一定是以内心向往为驱动力，自觉自愿去做，发自内心地热爱；它的终极目的，一定是通过自律这种手段和方式，寻找更好的自己、享受更好的生活。

要知道，缺乏了自律，往小处说，可能会做事失度、言行失范，该做的事情不做，不该做的事情偏要做；往大处说，则会经不住诱惑，遇到便宜就占，发现捷径就走，最终因为把控不住自己而铸成大错，甚至贻误终身。

自律还是他律，结果大不同

某次，在参加一个女性成长讲座时，一同参加的女性朋友珊珊和我们分享了她的初恋故事。

初中时代的珊珊，是个不折不扣的"学渣"。由于父母工作忙，从小便被丢在奶奶家放养的她，总是剪着男孩子一般的短发，和谁都称兄道弟，打架斗殴、逃课捣乱是家常便饭，学习成绩更是让人不敢恭维。

直到初二那年，她遇到了外貌俊朗、气质清傲的"学霸"慕言。楼梯上的匆匆一瞥，不仅让一向大大咧咧的珊珊红了脸，还动了心。

天不怕地不怕的珊珊，很快便向慕言表明了心迹，可是慕言却并不搭理她。后来，慕言实在被珊珊缠得没办法，便写了张卡片给她，上面只有一句话：我不和差等生做朋友。

那张卡片，珊珊反复看了许久。也就是在那一刻，她平生第一次认真思考了学习这件事。

后来的故事就很老套了。为了追赶上"学霸"慕言，"学渣"珊珊铆足了劲学习，上课认真听讲，晚上熬夜复习。这个过程是很痛苦的，毕竟她落下的功课太多，一切都要从头来，但结果却是甜的，珊珊的成绩迅速提升了很多。

中考成绩出来的那天，作为"学渣"的珊珊，终于和"学霸"慕言站到了同一起跑线上——他们考进了同一所重点高中。后来，互生爱慕的两个少年慢慢走到了一起。年少的他们，把对彼此的情感全部转化为学习的动力，互相鼓励，互相支持，共同进步。

这时候，如果一定要说有什么变化，那就是在长期的刻苦努力中，珊珊渐渐从被动到主动，变成了发自内心自律上进的好姑娘。

高考过后，珊珊和慕言考上了同一所985大学，两个人也就此光明正大地走到了一起，看起来，前途和爱情都一片光明。那年夏天，当慕言牵着珊珊的手幸福地走在曾经的校园里时，谁也不知道珊珊灿烂的笑容里，既饱含了对慕言的爱慕，也暗藏着一份青春时光里的感激。她一直觉得，是慕言激发了自己内心自律的愿望，让自己成为更好的自己。

然而，让珊珊没想到的是，当初拉着自己往前走的人，有一天会停下来。

上大学后，慕言开始疯玩，他的日常变成了打篮球和打游戏，学习被丢到了一边，校园门口的大排档和KTV，见证了他虚度的光阴。而珊珊依然保持着高中时候的自律，因为这种自律早已刻在了她的骨子里。

他们的位置，就这样互换了，这一次换作珊珊拉着慕言走。只不过，不管珊珊用什么办法，不管她如何苦劝，慕言就是不学习了。

他们之间也逐渐出现了裂痕。

大三那年,珊珊决定考研,她想站在更高的台阶上,去看更广阔的世界。可慕言对考研却毫无兴趣,用他的话说,读书这么多年,已经疲倦了,只想毕业后回老家,找份安稳的工作享受人生。这是两个人有史以来面临的最大分歧。后来,在珊珊的软磨硬泡下,慕言答应复习试一试。可是坚持了不过两天,他又恢复了每天打球睡觉、聚餐喝酒的生活。

再后来,珊珊考上研究生,北上求学;慕言则南下回乡,早早地参加了工作。渐渐地,在时间和距离的考验中,在两个人一个主张勤奋努力、一个主张及时行乐的分歧中,他们选择了分手。

那天在分享的最后,珊珊动情地说,在分开后的很长一段时间里,她始终想不通,明明是他拉着她一点点走出泥潭,领着她走向阳光大道,激励她从"学渣"变成"学霸"的啊,为什么到最后他自己却选择了停滞不前、放纵享乐了呢?

直到过了许久,珊珊才想通:其实,那个停滞不前、安于享乐的慕言,本身就是真实的慕言。相反,中学时代那个成绩优异、勤奋努力的慕言,才是虚假的慕言。因为那时候的他,成绩都是被父母盯出来的,是"他律"的结果。而上了大学后,没有人盯着,没有人管束,他很快就松懈下来了,变成了那个原本就停滞不前、安于享乐的慕言。

相反,她的自律努力却是发自内心、自觉自愿的,是一种真正的"自律"。

珊珊和慕言的故事,让我很是感慨。也正是从他们的故事中,我领悟出这样一个道理:他律是外因,受环境和他人的干扰;自律是内因,是自觉自愿地坚持做某件让自己变得更好的事情。一个因为他律而自律的人，当他律不存在时，自律的假象也就坍塌了；反过来，一个发自内心、自发自愿去努力、去自律的人，才能够真正享受自律的馈赠，收获不一样的人生。

三、自律不是"三分钟热度",而是持续性动作

自律难,难在开始,更难在坚持

前段时间,我外出办事时偶遇了一位许久不见的朋友。那天,行色匆匆的她正赶去上英语口语课,认出彼此后,我们站在街边拉了几句家常。

朋友告诉我,因为目前从事的工作需要接待外宾,口语不佳的她便报了个英语口语培训班,目前刚上了几节课,感觉很不错。由于彼此都忙,闲聊了几句后,我们便匆匆分手了。当时,望着朋友远去的背影,想到工作繁忙的她,还有提升自己的愿望和继续学习的热情,我一度对她充满了敬佩。

不久后,在一次行业聚会中,我们再次相遇了。私下聊天时,我随口问她英语学得如何,没想到她却告诉我已经放弃了。在随后的十多分钟里,朋友喋喋不休地向我诉说了学习中遇到的各种难题,其中有一句话格外令我记忆犹新:"其实,我真的挺想好好学的,但就是坚持不下去了。"

我想,朋友的这句话,既是她自己的心声,也是现实生活中许多人的心路历程。

"从今天开始,一定要好好学习。"

"新的一年,少一些懒惰,多一些努力,好好工作,好好生活。"

"目标:每天跑步半小时,跳绳一百下。"

……

在日常生活中,像这样的"豪言壮语",相信很多人都曾喊出过,尤其是在岁末年初,当我们翻看朋友圈时,眼前飘过的几乎全是各种各样的

目标。诚然，当我们看到某一阶段平庸的自己后，想加倍努力在下一阶段取得新的成绩，于是便给自己定下一系列的宏伟目标，并且信心十足地以为自己一定可以做到，这种行为是值得肯定的。只是当目标确定后，又有多少人达成了自己的目标呢？

好多的目标，我们可能连尝试都没来得及，便无情地将其否定了；许多的誓言，我们可能一开始动力满满，可是持续不过三五天，便缴械投降了，重新退回原点，甚至变得比之前更加放纵。类似的情况发生后，很多人会自我谴责，痛斥自己的不自律，但是下一次又会重复这种行为……

自律难，难在开始，更难在坚持；大多数人的自律，不是败在缺少自律的决心上，而是败在"三分钟热度"的行动上。也正是因为这样，作为一种美好品德被众人追捧的自律才变得如此稀缺。

摆脱"三分钟热度"，前提是克服畏难情绪

内心壮志凌云，以为从此要彻底改变、大有作为，等热情一过，还是一副得过且过、做一天和尚撞一天钟的样子。不是没有下过决心，也不是不知道正确的做法，但就是无法坚持下来。你是否想过，导致这种自律只维持"三分钟热度"的罪魁祸首正是我们的畏难情绪呢？

何谓畏难情绪？顾名思义，畏难情绪即恐惧困难的一种心理状态。具体表现是，遇到困难采取退缩、躲避、迂回的态度，缺乏面对困难的勇气，没有解决困难的信心，不采取积极主动的行动解决问题，甚至会在无意识中夸大困难。

更形象的理解，畏难情绪就是我们潜意识里发出的一种信号，这种信号会一遍遍地告诉我们：你想做和正在做的事情太难了，你还有某些能力方面的不足，无法真正做成想做的事情。那么，在这种信号的影响下，我们就会本能地对所做或想做的事情失去信心，不愿再坚持。

比如，决定早睡早起，坚持了不过两天，发现真的好难，于是放弃；报了个健身班，上了两天课，感觉腰酸背痛，便打起了退堂鼓；决心戒烟，刚过了一天，感觉浑身难受，于是又忍不住掏出了香烟；发誓要好好学习，可是翻书不过两页，发现完全看不进去，于是习惯性地掏出手机打开了抖音……

在现实生活中，或许我们很多人都有过类似的经历，认为做什么都很难，往往还没真正开始便早早放弃了，导致到最后一事无成。

正如蔡康永所言："十五岁时觉得游泳难，放弃学游泳，到十八岁时遇到一个你喜欢的人约你去游泳，你只好说'我不会呀'。十八岁时觉得英文难，放弃学英文，二十八岁时出现一个很棒但要求会英文的工作，你只好说'我不会呀'。"人的一生会面临无数的困难与挑战，面对这些困难和挑战，有压力很正常，感觉焦虑也很正常，但如果不能战胜内心的压力和焦虑，而是选择屈服于压力和焦虑，产生了畏难情绪，那么，这种畏难情绪就会成为我们通往成功路上的第一块绊脚石。这也正是许多人的自律之旅往往还未开始就偃旗息鼓的原因。

其实，当我们克服了自己的畏难情绪，适当强迫自己，鼓励自己开始去做以后，在做的过程中，我们便会发现：许多的事情，原来并没有想象中那么困难；许多的尝试，也并没有传说中那么痛苦。

所以，从现在开始，努力摆脱畏难情绪，努力把瞬息即逝的"三分钟热度"，变成一往无前的决心，当自己想放弃的时候，当感觉坚持不下去的时候，告诉自己：再坚持一下，离目标真的就差那么一小步了。

摆脱"三分钟热度"，关键是克服惰性

除了因为畏难而做事"三分钟热度"，人的惰性也是让我们做事无法坚持到底的重要原因。

何谓惰性？简单而言，它是一种因主观原因而无法按照既定目标行动的心理状态，最突出的表现就是该做的事情不想做或不做，总是拖拉，爱找借口，不想改变老做法、老方式，虚度时光，碌碌无为。

比如，明明制订了早起的计划，可是闹钟响了一遍又一遍，就是不想起床，于是计划泡汤了；明明想健身减肥，可是运动时间到了，依然瘫坐在沙发上，懒得换衣服出门，于是不了了之；明明说好了要好好学习，可是人坐到书桌前，心却收不回来，于是再次放弃……

曾国藩曾经说过："人败皆因懒。"罗兰也曾告诫我们："懒惰是很奇怪的东西，它使你以为那是安逸，是休息，是福气；但实际上它所给你的是无聊，是倦怠，是消沉。它剥夺你对前途的希望，割断你和别人之间的友情，使你心胸日渐狭窄，对人生也越来越怀疑。"惰性是一个人自律路上最大的绊脚石，它神出鬼没地潜伏在我们身边，操控着我们的行为，让我们的计划、理想、抱负在日复一日的拖拉和不计其数的借口中化为泡影，让我们浪费时间，消耗生命，丧失活力与斗志，最终一事无成。

那么，人的惰性究竟是如何产生的呢？不可否认，从某种程度上说，人的惰性几乎与生俱来。只是在漫长的成长过程中，有些人的惰性因为得

到了及时的纠正、改善，越来越弱化，这部分人大多拥有极好的自律性和自我管控能力；而另一部分人的惰性却在环境、自控能力等各方面的影响下，越来越强化。毫无疑问，这些人的自律性一般较差。

摆脱"三分钟热度"，关键是要克服惰性。具体而言，可以从以下几方面入手：

1. 远离内心的舒适区

所谓"内心的舒适区"，就是指我们对过往生活、工作状态的执着。通常，当我们认为这样的工作状态很舒服的时候，当我们感觉一直这样做事很适应的时候，惰性也就开始产生了。因此，要想克服惰性，首先要远离自己内心的舒适区。

2. 给自己设定目标

有了目标，就有了动力，有了动力，就有了向上的追求。从本质上说，给自己设立目标代表的正是一种对自我成长的肯定与激励。而这些，对于克服惰性具有重要意义。

3. 找到积极勤奋的团队

古语有云："近朱者赤，近墨者黑。"跟什么样的人在一起，很有可能你就会变成什么样的人。所以，克服惰性的另一个方法就是找到积极勤奋的团队，让团队中的人去影响你、同化你。

以上分享了克服惰性的三条建议，希望对你有所帮助。最后，我想说的是，自律不是咬牙切齿的前进，而是怀揣初心，把摇摆不定的"我愿意"变成坚定的"我会完成"。尽管在自律的道路上，难免会感觉疲惫，难免会感到痛苦，但只要心中还有真挚的热忱，就一定可以抵达自律的远方。

四、摆脱刻意，自律才真正开始

自律不是咬牙切齿的进行，而是怀揣初心、自然而然的开始

前段时间，一位名叫小美的网友向我诉说了她"自律"的烦恼。

小美是一位年轻的设计师，平时的工作主要是设计广告。尽管参加工作的时间不长，但兢兢业业的她，已取得了不错的成绩，在圈子里小有名气。

只不过，在工作之余，小美对自己的生活状态并不满意。

由于工作的原因，小美的作息时间极不规律，有时候灵感来了，或者遇到项目赶进度，头一天加班到深夜、第二天睡到自然醒便是常态。其实，小美也很想早睡早起、跑步健身，把每一天安排得井井有条，成为一个自律的人，只是现实中工作条件并不允许。

尽管她目前的生活并不差，靠着工作认真、努力以及自身的天赋，她也取得了让同龄人艳羡的成绩，但在她的认知里，工作之外的"不自律"却深深困扰着她，让她觉得自己很失败。

小美的话让我陷入深思。她的"烦恼"，也激发了我对于自律的另一种认知。为了开导她，我们展开了下面这段对话：

"你觉得，早睡早起、跑步健身，把每一天都安排得井井有条会让你更开心吗？"

"也许并不会。"

"为什么呢？"

"可能我更习惯现在的生活节奏，而且，如果真是这样，我创作的节奏可能也会被打乱。"

"既然不会，那你为什么还期盼那样的生活呢？"

"这种生活可能会让我觉得自己更自律，而不是很混乱。"

"你觉得自己什么时候最开心？"

"就是工作，工作的时候，虽然很辛苦，但是很开心，尤其是每次设计出了自己满意的作品，我会很有成就感，很开心。"

"那么，开心和自律，你觉得哪一个更重要？"

那天，在我问完最后一个问题后，小美沉默了。过了许久，她发来一个笑脸，回复我说："姐姐，我懂了，谢谢您。"

三个月后，就在我快要忘掉这件事的时候，我意外收到了小美的留言。看完那条长长的留言，我从字里行间感受到了小美的喜悦。

在留言中，小美告诉我：自从那次和我聊完后，她便放弃了逼迫自己自律的执念，以及自己对自律的错误看法，而是以最好的状态，全身心地投入工作。那段时间，尽管她依然晚睡、晚起、不运动，但她觉得，她的内心不再有认为自己不自律的愧疚感和焦虑感。

直到有一天，她突然心血来潮，想去跑步。于是，在晚上10点，她欣然丢下手中的画笔，换上跑步装备，出去绕着小区跑了两圈。没想到，她获得了很好的体验，感到前所未有的轻松和愉悦，创作也更有灵感了。

于是，她把早起跑步当成了一项放松活动，没想到，跑着跑着，竟然跑出了自律。

看完小美的留言，我很为她开心，我知道，她已经找到了属于自己的正确的自律节奏。

在现实生活中，你是否也有过这样的感受：思想上，总是对自己的生活状态不够满意，总是觉得自己不够自律，总想强迫自己自律，但行动上、身体上却并没有做好自律的准备，一想到立马要开启自律的生活模式，内心便痛苦不堪？这时，即便你贸然开始了自律，也一定坚持不了多久。

要知道，真正的自律，并不是咬牙切齿的开始，而是自发自愿、自然而然的进行。在这个过程中，坚持是必须的，努力是必须的，但你一定不会因为坚持、努力而感到痛苦。

反过来，假如你潜意识里认为自律的行为会让你痛苦，而你为了发过的誓、确定的目标刻意地去忍受这种痛苦，那么，你的大脑和过往经验都会让你产生抗拒情绪，毫无疑问，你的自律也一定会失败。

自律不是人生的目标，而是实现人生目标的工具

一个值得讨论的问题是：既然我们已经意识到自律的行为会让我们痛苦了，那么，我们为什么还要咬牙切齿地开始，甚至为了逼迫和督促自己，不惜发誓、制定各种目标呢？

这是因为，大部分时候当我们这样做时，其实都抱有这样一个错误认知：把自律当成了自己的人生目标，以为只要自律就能收获快乐和幸福。

很显然，真实情况并非如此。

打个简单的比方，假如你决定戒掉可乐、蛋糕等高热量食物，那么，你的自律行为——不喝可乐、不吃蛋糕便是你的人生目标，它能让你感到

幸福和快乐吗？

答案是否定的。

那么，你的人生目标究竟是什么，能让你感到幸福和快乐的究竟又是什么呢？通过进一步分析自律的目的，我们会发现：通过不喝可乐、不吃蛋糕的自律举动，我们真正想达到的目标是减肥瘦身，而真正能让我们感觉到快乐和幸福的，正是成功瘦身的结果。

所以，我们可以得出这样的结论：自律不是人生的目标，而是帮助我们实现人生目标的工具。在正常状态下，自律本身并不会让我们快乐和幸福，但自律的结果会带给我们快乐感和幸福感。

那么，错把自律当成自己的人生目标，会产生什么样的后果呢？——可能会让我们在错误的道路上越走越远。

要理解这一点，我们不妨先来做这样一个假设。

假设现在在你面前摆着一个"超级自律按钮"。只要你轻轻动动手指，按下这个按钮，你就能瞬间拥有一种超级自律的能力，变成一个极其自律的人，过去那些做不到的事，比如早睡、早起、戒烟、戒酒等，因为有了这个按钮，分分钟就能变成现实。

想象一下，如果世界上真的存在这样一个按钮，你是不是会超级兴奋，迫不及待地想按下去？但且慢！你要知道，当你毫不犹豫地按下这个"超级自律按钮"后，可能会出现以下这些情形：变得极度自律的你，几乎把所有的时间、精力都献给了公司和客户，而不再有时间和精力陪伴家人，或许，你会实现财务自由，但与此同时，你会失去家人和亲情；变得极度自律的你，几乎把时间和精力都投入自己的小家庭，以至不再有精力应付工作，或许，你会赢得家人的心，但与此同时，你会失去赖以生存的工作和收入……

所以，你发现了吗？当我们错把自律当成自己的人生目标后，我们很可能会陷入一种只执行自律行为，不思考目标对错的状态。这时候，如果我们的人生目标是正确的，那么，或许不会出现太大的问题。反过来，如果我们的人生目标是错误的，那么，当一个错误的目标和一个自律的行为完美结合起来后，你得到的可能就是一场灾难。比如上面提到的失去亲情或者会失去赖以生存的工作和收入。

所以，自律不是人生的目标，而是实现人生目标的工具，为自律而自律的行为，不是真正的自律，而是盲目的自律。这种盲目的行为，不仅不会带给你好的结果，还有可能让你误入歧途。

PART 3
想要自律，先弄清自己为什么不自律

正如每一种自律背后,都有方法和底层逻辑的支撑,每一种不自律背后,也一定有被忽视的原因与理由。找到不自律的缘由,有的放矢地清除自律路上的拦路虎和绊脚石,变不自律为自律,终有一天,你也会感叹:原来自律如此简单。

一、不自律≠生来放纵

不自律是处于慢慢失控的状态

不自律是一种怎样的体验？

我们不妨先来听听一部分不自律者的心声：

减肥达人 A 小姐：都知道 3 月不减肥，4 月徒伤悲，5 月路人雷……可我一见美食，就迈不动腿，只张得开嘴，还在心里安慰自己，从明天开始减肥，今天再吃顿好的。明日复明日，明日何其多，一年下来，我大半年都在减肥，结果还长了几斤。

网购狂人 B 先生：6 月剁手，11 月剁手，岁末剁手……我只要一网购，就停不下来，是一个名副其实的"月光族"。我虽然不像女生一样买化妆品，但是每月会购买周边、游戏虚拟产品等。花钱时是真的心痛，收到快递时也是真的快乐。

熬夜星人 C 先生：熬最晚的夜，泡最贵的枸杞。我有时候加班到很晚，回家后立马睡觉，感觉自己一直在围着工作打转儿，压力很大。因此，我会通过刷视频或者玩游戏来放松自己，但总是控制不住时间，经常到凌晨才睡。第二天告诉自己早点睡，却依旧恶性循环。

你是否发现，从这三位不自律者的自述中可以看出，导致他们不自律的最关键因素都是忍不住、无法控制自己的欲望。其中，A 小姐无法控制自己想吃东西的欲望，B 先生无法控制自己想购物的欲望，C 先生无法控制自己娱乐消遣的欲望。

由此可见，导致我们不自律的一个重要原因，正是我们无法控制自己的欲望。这种欲望，可能是一种"食欲"，也可能是一种"物欲"，还可能是我们内心对其他任何东西的欲望。

事实上，满足这些欲望本是人之常情，但在这个过程中，有些人会因过度满足，导致不自律行为发生。久而久之，人就会失去对欲望的控制能力，处于一种失控状态。

其实，不自律的本质就是失控，是对时间和生活失去自主管理能力的表现。比如，你明明知道"晚上不肯睡，早上不肯起"会给自己的工作带来很多麻烦，也定了闹钟，但依旧会熬夜，会赖床。因为你自己的思想已经控制不了自己的行为。这样的失控状态会蚕食你的信心，消耗你积极向上的能量。

总之，不自律的过程就是慢慢失控的过程，就像温水煮青蛙，让人在不断满足欲望的快感中逐渐迷失，最终进入完全失控的状态——自我放纵。到达这一层面之后，整个人几乎就算"废"了，即便有人愿意将你拉出失控的深渊，你也懒得伸手，甚至还会想着"我这样挺开心"，人生也会因此变得晦暗。

放纵不是天生的

放纵就是任性而为，不受约束。不自律就是慢慢失控，其终点就是完全失控，即自我放纵。放纵不是天生的，而是因为不自律而逐渐形成的，与后天的各种因素密切相关，比如后天环境、自身习惯的养成等。

比如，小孩子刚出生时没有自我控制能力，却没有完全失控、放纵自我。为什么呢？答案很简单：因为大多数家长，会在孩子小的时候就开始帮助他培养良好的习惯。换言之,即便小孩子不能自律,也有来自家长的"他律",让他不至于达到放纵的地步。老舍也曾发表过类似的观点,他在《新爱弥儿》中说:"小孩子是娇惯不得的,有点小病就马上将就他,放纵他,他会吃惯了甜头而动不动的就装病玩。"

而且,按道理说,人应该天生自律,而非放纵,因为不自律不符合人的天性。与所有动物一样,人天生有趋利避害的本能,而自律能让人生活得越来越好,如果不自律就会让自己陷入不利的情况之中。"人往高处走,水往低处流",人为了生活得更好,自然要开始自律。

可能又有人会问:"既然自律是天性,不自律不是天性,那为什么还会有人不自律呢?"

举个例子,自律就像是游戏里的"蓝条",有的人多,有的人少,但都能通过后期培养拉长"蓝条"。有的人"蓝条"才用了一点点就表示要回城,耽误了发育的时间;而有的人用完了才回城,需要较长的恢复时间;还有的人会对"蓝条"有个规划,用到一半就开始使用回蓝装备,一直可以待在战场上。

第一类人就是不自律的人,第二类人是比较自律的人,第三类人是理智的、自律的人。之所以会出现此种情况,是因为每个人在成长过程中,对自身的认知不同,做出的行为选择也就不同。在他们心中,自己选择的都是对自己有利的,因此有些人会做出不自律的选择。

由此可见,不自律不等于天生放纵,而是后天环境、自身习惯等因素造成的。

不自律≠放纵，自律≠压抑自我

从古代流传下来的"中庸之道"，至今我们还在恪守，其根本原因在于：人很容易因为某个契机走向极端，进而从一个极端走向另一个极端，做出不理智、令人后悔的事情。在自律上也是如此。有许多人认为，自律对应着压抑，而不自律则对应着放纵，其实这种认知太过武断了。

比如，有一小部分学生，在高中时刻苦学习，逼自己不要玩。在高考结束后就开始产生补偿自己的心理，晚上打游戏到天亮，白天一觉睡到天黑，三餐不规律，整个人陷入颓废的旋涡而无法自拔，这难道是不自律吗？

当然不是，这是压抑自我之后产生的恶性反弹，是自我放纵的表现，是主动放弃自我控制能力的行为，而不自律是从开始失去自我控制到完全失去自我控制的过程。比如，小明第一天打游戏到凌晨一点，第二天到凌晨两点……这就是不自律的表现，而放纵则是天天通宵打游戏，不再对自己打游戏的时间进行限制。

简单来看，我们可以将不自律看作是失控的状态，而将放纵看作是不自律、失控造成的最终结果，但两者之间不能画等号。

刘小姐也曾在对自律的认知上出现偏差，在自律之路上走过极端。刘小姐是一名自由职业者，她曾经是一个极不自律的人。每次接活儿之后，总是静不下心来，会刷抖音、玩游戏，困意来袭就去睡。第二天又十分后悔，发誓当天一定要做完。结果一直拖延到最后一天，熬夜才勉勉强强将工作完成。

为此，刘小姐时常反思：如果能够做到自律，自己是不是会变得更优秀？为此刘小姐在网上报了一个自律班，开始尝试各种自我管理的方法，并为自己制订了一份完美的计划。从每日三餐的用餐时间，到午休、晚上睡觉时间，细致到把每天看哪本书的哪一章节都写了下来。为了变得更优秀，刘小姐坚持按计划行事。

没想到，才过了一个月，刘小姐就开始整夜整夜地失眠，做什么都没有干劲，不想见人，不想吃饭，感觉像生了一场大病。咨询过心理医生后，她才知道自己已经抑郁了。经过半年多的调整，她才慢慢摆脱了抑郁情绪。

刘小姐本来有自己的生活方式，只需要控制一下自己刷手机的时间，专注于工作，就是自律。结果她生搬硬套他人的生活方式，逼迫自己，压抑自己的欲望，让自己越绷越紧，使心灵脆弱得不堪一击，才会如此轻易地被抑郁情绪所侵袭。

从刘小姐的案例来看，我们应该明白，自律不等于压抑自己。真正的自律应该是平衡内在的冲动或者在面对诱惑时做出理智的反应，它可以有效地帮助人们权衡得失，进而做出相应正确的行为。比如，自律的人在"明天要上班"和"熬夜刷抖音"之间会选择前者，他们会将自己的欲望控制在合理的范围之内。

除此之外，真正懂得自律的人都舍得娱乐，舍得休息。你是不是经常在工作未完成时，会忍不住玩玩游戏或者刷刷剧，一边玩还一边觉得自己在浪费做正事的时间？就算为此感到羞愧，或者产生罪恶感，也还是玩了很长时间？

如果你能对号入座，就证明你是一个典型的不会休息的人。小时候老师经常教导我们，玩就玩得开心，学就学得认真。这话不假，真正自律的人在该玩时就开开心心地玩，完全放松自己，养足精神。在该工作、学习时就集中精力，高效完成。这样劳逸结合，更有利于提高效率。

还有的人想自律，并不是和刘小姐一样想变得更优秀，而是为了迎合他人的看法。张先生就是这样，因为周围的人都认为自律的人值得学习，于是他就在朋友圈打造自己的自律"人设"。即便不喜欢运动，他也每天在朋友圈发布运动步数，就是为了得到他人的一句称赞。被人称赞时，他很高兴；每天运动时，他却异常痛苦。

其实，自律并非像张先生一样为了迎合他人做出压抑自己欲望的行为，而是能平衡自身欲望和外部要求之间的冲突，还能为了自身的长远利益延迟享受甚至牺牲短期利益的行为。这样才能让我们奔向更美好的未来。

在自律前，我们需要明白这样一个道理：控制自己，做到自律是为了成就自己、创造自己，是为了让自己感受到生活中的更多快乐，而不是加重自己的痛苦。每个人都有各自的行事原则，也有各自的脾气秉性。因此，我们不需要盲目跟风，为了照搬他人的自律方式而选择压抑自己，让自己成为一个他人眼中自律的人。

总之，不自律不等于放纵自我，自律不等于压抑自我。真正的自律就是适度地控制自我。但要想控制自己并非易事，它需要极大的勇气与坚定的信念，不然上文的A小姐就能成功减肥了，C先生也能早睡早起了。

"知己知彼，百战不殆"，要想自律，学会控制自己，就需要先了解自己的敌人——不自律的原因所在。如果不具备正确的认知，只跟随他人制订计划，并强迫自己按计划行事，结果只会适得其反，让人变得更加不自律。而且，在没有正确认知的情况下盲目自律，如同"迷迷糊糊爬大山，稀里糊涂蹚大河",其本质与"游戏人生"一样,是对自己不负责任的表现。

由此可见,自律的第一步就是要对自律有一个清晰而准确的认识。接下来,就让我们一起去深入了解自律与不自律吧!

二、自律路上的最佳搭档——意志力

一个人究竟自不自律，与意志力的强弱密不可分

明知道不早起就会迟到，还赖床？意志力不行！

你怎么有拖延症，啥事都要拖到最后？意志力不行！

你在减肥，怎么能吃蛋糕？意志力不行！

你……意志力不行！

在现实生活中，当我们感觉某个人不自律时，总是习惯性地将其不自律的原因归结为意志力薄弱。问题是，一个人究竟自不自律，真的是由意志力强弱决定的吗？想弄清楚这个问题，我们需要先来探讨一下人类的意志力究竟从何而来。

现在，不妨让我们一起回到远古时代，假设自己是一个智人（人属下的唯一现存物种）。这时候的你，会生火，可以直立行走，也可以将石头打磨成锋利的武器。不过，即便已经处于食物链的顶端了，你依旧面临着许多危险。

一次，你和同部落的智人一起去打猎，一头水牛不顾武器的威慑，发狂似的朝你冲来，吓得你不敢动弹。还好，同行的智人及时将发狂的水牛杀死了。另一次，你看见有智人偷了其他智人猎杀的猎物，然后被逐出了部落。后来，你在野外看见了他的残骸。又一次，一个智人生病了，无力出门打猎或者采摘一些野果果腹，其他智人却因他曾经太过自私而不愿意帮助他……

于是，在看过、听过、经历过许多事情后，你开始渐渐明白：要想好

好生存下去，就需要与伙伴们互助互爱，千万不能得罪他们。而要做到不得罪他人，就需要控制自己——控制自己想去偷猎物的念头，控制自己想将好东西据为己有的欲望，控制自己的自私自利、随心所欲。

而在慢慢意识到这些问题的过程中，你大脑中用于自控的意志力便开始萌芽了。于是，你开始在生活中有意识地控制自己的社交行为。比如：当部落其他人缺少食物时，你会分一点食物给他；当有人没有兽皮御寒时，你会将多余的兽皮借给他……

之所以做这样的假设，是为了告诉你，其实早在智人时代，在人脑中意志力就已经产生，并开始在潜移默化中影响智人的行动了。

只不过，这时候智人通过意志力进行自控的原因，还单纯只是为了适应环境，努力生存，与人合作。换句话说，意志力是人类群居后逐渐进化出来的一种能力。后来，这种能力通过行为不断加强，逐渐形成了人脑的自控系统。

美国心理学家凯利·麦格尼格尔也曾提出过类似的观点。她认为，意志力是一种抑制冲动的能力，是人类在进化过程中，为适应环境变化和各种需求的变化而形成的。通常，在人类进化过程中，人类大脑的功能并不会在某一个时间段发生剧烈变化，而是通过较长时间的演变获得某种功能。意志力也遵循着同样的原则，它是基于人类自身具有的冲动系统，通过日积月累的量变达到质变，最终进化出的自控系统。

所以，从生理学的角度而言，意志力是自律的核心，如果说自律是水库，那么意志力就是水库的大闸门，大闸门的形状和大小，直接关系着水库出水量的大小。相应地，一个人意志力的强弱，也就直接关系着其自律与否。

更通俗的理解是，当你面对一块诱人的蛋糕或者一条很喜欢的裙子，但你又明知道自己不能吃、不能买的时候，意志力就是那个站在旁边为你"加油"，并且为正走在自律路上的你提供短暂对抗欲望的动力的最佳搭档。

意志力具有遗传性

那么，人类在长达几十万年的繁衍过程中，又是如何将意志力一代代传下去的呢？同为人类，为什么有的人意志力弱、有的人意志力强呢？

答案很简单：作为人类与生俱来的一种本能，意志力具有遗传性。关于这一点，早在20世纪80年代，美国心理学家斯奈德就已经证明。

早在1972年，斯奈德便提出了"自我监控"的概念，即我们今天常说的"自控力""意志力"。

当时，基于同卵双胞胎（来自同一个受精卵的双胞胎）之间的遗传基因比异卵双胞胎（来自两个受精卵的双胞胎）之间的遗传基因更为相似，并且同卵双胞胎的遗传基因在未发生突变的情况下是相同的，而基因突变的可能性又非常小，几乎可以忽略不计的生物学理论，斯奈德做出了大胆设想：人类的"自我监控"能力具有遗传性，且同卵双胞胎之间的"自我监控"能力遗传差异性，要小于异卵双胞胎之间的"自我监控"能力遗传差异性。

为了证实自己的猜想，1986—1987年，斯奈德分别以一对同卵双胞胎和一对异卵双胞胎为样本，进行了专项实验，详情如表3-1所示。

表3-1 "自我监控"能力实验总览表

实验前提条件	在未发生基因突变的情况下，同卵双胞胎之间的遗传基因差异性，比异卵双胞胎之间的遗传基因差异性更小
实验假设	若"自我监控"能力能够遗传，那么在"自我监控"能力方面，同卵双胞胎之间的遗传差异性就会比异卵双胞胎之间的遗传差异性小
实验对象	一对同卵双胞胎和一对异卵双胞胎
实验内容	研究遗传和环境对"自我监控"能力的影响
实验过程及方法	在不同时间、不同地点，对实验对象的"自我监控"能力进行大量监测，并将监测结果记录在控量表中。然后，对表中的数据进行统计并分析
实验结果	验证猜想成功，在"自我监控"能力方面，同卵双胞胎之间的遗传差异性明显比异卵双胞胎之间的遗传差异性小

实验结果印证了斯奈德的猜想：人类的"自我监控"能力的确具有遗传性。并且，两相对比之下，同卵双胞胎之间的"自我监控"能力遗传差异性要小于异卵双胞胎之间的"自我监控"能力遗传差异性。

在斯奈德开创了针对人类"自我监控"能力的研究先河之后，后续又有许多心理学家对人类的自控力进行了广泛研究。其中最有意思的一个结论就是：人类的自控能力不仅能够遗传，而且会随着年龄的增长发生变化。这也就很好地解释了为什么小孩子的专注力远远不及大人。

看到这里，相信你已经明白：有时候一个人的自律能力很弱，可能并不是他不想自律，而是他的自律基因出了问题；反过来，有的人自律能力极强，可能是因为他们天生就拥有极强的自律遗传基因。

意志力会受后天环境的影响

既然意志力受遗传因素的影响，那么，是不是就意味着从我们出生开始，自律能力的强弱就已经注定？要想拥有超强的自律能力，就只能依靠父母的基因传承呢？

答案显然是否定的。因为生物学家已经告诉我们：在大多数情况下，人类能力的养成，除了受遗传因素的影响，还受后天环境的影响。

比如，一个天才画家的孩子，在没有经过任何后天培养的情况下，就展现出了绘画的天赋，那么，孩子的这种绘画能力，就是通过遗传获得的；反过来，如果孩子没有任何绘画天赋，但由于画家对孩子进行了后天的培养，让孩子同样拥有了极强的绘画能力，那么，孩子的绘画能力就是通过后天培养获得的。

要知道，一个拥有绘画天赋的人，最后可能跑到互联网领域做了新媒体运营；一个不爱吃芹菜的人，可能会在某一天突然感觉芹菜"真香"，从此加入爱吃芹菜者"联盟"；一个外向的人，可能在经过生活的洗礼后，变成一个内向的人……这些变化的背后都隐藏着这样一个真相：环境会潜移默化地影响我们。

意志力的传承，也是一样的道理。一个人意志力的强弱，既受遗传基因的影响，又受后天环境的影响。这意味着，即便你不具备很强的自律基因，通过后天有意识的培养，你也同样可以变得很自律。

回想一下：在学生时代，是不是宿舍里如果有一个人开始跑步，慢慢地其他人也开始跟着跑步？或者是有一两个人开始坚持到图书馆学习，其他人也会受其影响，开始学习，甚至也跟着去图书馆学习？再或者，当一个同学开始整日整夜地打游戏，原本不碰游戏的人可能也受其影响开始打游戏？即便你最开始表现出很强的意志力，但当整个宿舍都开始一起打游戏、说说笑笑时，你心里的坚持是不是也会动摇？

这就是环境的影响，它会使自律与不自律具有传染性，以一个或者几个人为中心开始向外"传染"。环境对自律的影响可以从生物学和心理学两个角度来解读。

从生物学角度来看，我们大脑中的"镜像神经元"可以影响意志力。所谓"镜像"，顾名思义就是复制或者模仿。因此，我们可以简单地将"镜像神经元"看作一个记忆库，这个库中保存着他人的行为，这使我们可以模仿他人简单或复杂的行为。比如，如果家长说话时习惯做手势，孩子很有可能也会边说话边做手势。

我们周围的人构成了一个大的环境，镜像神经元对这个环境做出相应的反应，从而影响到我们的意志力。

另一方面，从心理学角度来看，大多数人类都具备从众心理。周围人的选择也会影响我们的选择，在一定程度上会对我们的意志力造成影响。比如，如果你周围的人都在减肥，你可能也会受其影响，加入减肥行列。

所以，在自律的道路上，当你感觉意志力不够时，请记得多和自律的人在一起。说不定，在他们的影响下，你也会变成自律的人。

三、影响自律的关键——两个"自我"的对抗

每个人的身体里都住着两个"针锋相对"的"自我"

下班回家后，疲惫的小李打算玩两局游戏放松一下。可这一玩，就停不下来了。尽管他一再告诉自己"赢一局就睡觉"，可是玩游戏的手却一直停不下来，最后玩到了天亮。望着东方初白的天空，小李十分懊悔，感慨自己又熬了夜，浪费了宝贵的睡眠时间。

于是，小李决定戒掉游戏。然而，还没坚持三天，又故态复萌。最后，他只好自嘲地称自己是"间歇性踌躇满志，持续性混吃等死"。

小李的这种纠结，你是不是也有同感？回想一下，在现实生活中，你是不是也曾遇到过类似的情况？

比如，为了锻炼身体，专门到健身房办了一张会员卡，结果一年下来，几乎没怎么去过。而在每次去健身房之前，脑海中都会出现两个不同的声音——一个声音说："毕竟钱都花了，不去岂不是浪费了？"另一个声音反驳说："我好累，根本不想动，再说健身房又不会'跑路'，下次再去也可以啊！"

再比如，说好了要早起，可是到了规定的起床时间，却怎么也爬不起来。这时候，脑海中那两个"针锋相对"的声音又响起来了——一个声音说："快起来，时间到了。"另一个声音反驳道："再睡一会儿！再睡一会儿！"

……

每当这样的情景发生时，你或许也有同样的感觉，仿佛自己得了人格分裂症。其实，你并没有，之所以会这样，只不过是在你的身体里住着

两个"针锋相对"的"自我"——一个严格自律，理性看待一切的"自我"；一个随心所欲，更愿意感性看待一切的"自我"。

这两个不同的"自我"，就像天使与恶魔，前者能够让我们控制欲望，走向光明的未来；后者却会引诱我们走向懒惰、得过且过的深渊。

影响自律的关键，正是来自两个"自我"的博弈

那么,居住在我们身体里的两个不同的"自我",究竟是如何产生的呢？答案很简单：它们分别来自我们大脑中的两个不同的系统——冲动系统和自控系统。

其中，随心所欲的"自我"来自我们大脑中的冲动系统。这个"自我"，也是人类最原始的"自我"，从出生开始就存在于我们的身体之中。比如，小婴儿饿了就会哭，人困了就想睡觉，等等，这些都是原始的"自我"发出的信号。

而严格自律的"自我"则来自我们大脑中的自控系统，它的作用是用来控制随心所欲的"自我"释放出的原始的、本能的欲望，比如贪吃的欲望、占有的欲望等。

从人类进化的角度看，自控系统是人类基于冲动系统进化的产物。相应地，严格自律的"自我"，也是在随心所欲的"自我"的基础上进化产生的。

下面，我们不妨以吃甜食的欲望为例，一起来看看住在我们身体里的两个不同的"自我"，是如何博弈、如何产生作用的。

在茹毛饮血的时代，因为食物匮乏，加上人类获取食物时常常面临着众多危险动物的威胁，因此，为了生存下去，人类在食物的选择上，就会

更倾向于高热量食物，比如甜食。于是，我们身体里那个随心所欲的"自我"，就有了嗜甜的本能，将甜食当成了最好的食物选择。

后来，随着人们生活条件的提升，甜食不再是救命的稀缺食品，而成了导致肥胖的元凶之一。这个时候，居住在我们身体中的随心所欲的"自我"，却依然会本能地选择甜食。于是，为了保护自己，我们大脑中的自控系统就被激活了，居住在我们身体里的严格自律的"自我"，就会站出来反对随心所欲的"自我"。

例如，程序员小张经常加班到深夜，在选择能量补给的时候，住在他身体里的随心所欲的"自我"，会向他推荐可乐、蛋糕等含有大量糖分的食物，因为在随心所欲的"自我"看来，这些高热量的食物是最好的食物。而居住在他身体里的严格自律的"自我"，则会跳出来反对，因为在严格自律的"自我"看来，这些高热量的食物并不利于小张的身体健康。

最终，在经过激烈的对抗后，如果随心所欲的"自我"胜利了，小张就会选择可乐和蛋糕，变成不自律的他；反过来，如果严格自律的"自我"胜利了，小张就不会选择可乐和蛋糕，变成自律的他。

现在，你明白了吗？影响一个人自律的关键，正是来自居住在他身体里的两个"自我"的对抗。

最好的自律，是跳出两个"自我"的博弈，
找到欲望和理智的平衡点

既然居住在我们身体里的两个"自我"的对抗结果是影响自律与否的关键，那么，我们是不是可以这样理解：只要保证让严格自律的"自我"

始终压制着随心所欲的"自我",只要让我们大脑中的自控系统始终压制着我们大脑中的冲动系统,我们就可以做到自律?

当然不是,物极必反的道理想必大家都懂。正所谓"不在沉默中爆发,就在沉默中灭亡",如果一个人长期压抑自己的冲动,最终的结果只有两个:一是彻底爆发,触底反弹;二是心理扭曲,走向灭亡。很显然,爆发和灭亡都算不上好的结果。

相比于一味压抑自己的欲望,让居住在我们身体里的严格自律的"自我"时刻压抑随心所欲的"自我",自律更好的办法应该是跳出冲动系统和自控系统的博弈怪圈,在两个"自我"的不断抗争中,寻求最好的平衡点。

说到这里,我们不妨把目光聚焦到本节开头所提到的那个案例上:下班回家后,疲惫的小李打算玩两局游戏放松一下。这时候,随心所欲的"自我"告诉他:"一直玩下去吧。"严格自律的"自我"却告诉他:"不能玩了,立马去睡觉。"

小李应该听谁的呢?

最好的答案是:谁的都听,谁的都不听。在游戏和睡觉之间,找到一个平衡点。比如,玩半个小时就睡觉或者直接关掉游戏,做其他能够代替游戏帮助他放松的事情,比如听音乐、看书等。

在前文中我已经强调过,自控系统是人类基于冲动系统进化的产物。这意味着,人类大脑中的自控系统和冲动系统本身就是同宗同源,它们存在的目的,都是为了让我们更好地生存、生活下去。在某种程度上,这两个系统博弈的目的,就是为了让人在原始冲动和极度理性之间找到最佳平衡点。

古代哲学中的太极，有阴阳之分，阴盛阳衰，阳盛阴弱，极阴与极阳是运转的两个端点，当阴阳中的一方运转到端点时，另一方就会将其慢慢拉回到阴阳平衡的状态，如图 3-1 所示。

图3-1 太极中的阴与阳

其实，自律也应该遵循这样的道理。最好的自律，应该是跳出两个"自我"的博弈，让大脑中的冲动系统和自控系统变成一个太极的阴面与阳面：当原始冲动开始主导人的思想时，自控系统就会跑出来，将人的原始冲动慢慢压回去，让人由放纵变得自律；当自控系统开始主导人的思想时，冲动系统就会跑出来，将人的过分克制压回去，让人由极度自律变为适度自律。

四、你之所以不自律，也许只是前额叶皮质在作祟

前额叶皮质的活跃程度，决定着自律的程度

时光回到 1949 年。在极其平常的一天，外科医生瓦尔特·弗里曼像往常的许多天一样，平静地走进手术室，然后轻车熟路地拿起手术刀，开始做手术。

他先在病人的眼皮底下正对眼眶的骨头上，打入一枚自制的、长度约十八厘米的钢锥，然后用小锤子敲打钢锥，使钢锥进入大脑。当钢锥深入到大脑前额叶皮质五厘米时，他开始旋转钢锥，阻断前额叶皮质与大脑其他部位间的联系。

十分钟后，手术完成了。

谁能想到，这样一项听起来令人毛骨悚然的手术，在当时却风靡一时。而接受这项残暴手术的对象，往往都是一些在外人看来有着怪异行为的人，比如同性恋者、精神病患者，或者只是脾气比较暴躁的正常人。

通常，在接受了这样的手术之后，这些人便会变成一个与过去的自己完全不一样的新的"自己"——他们会丧失对身体的控制能力，出现暴力倾向或者变得盲从。

这就是历史上臭名昭著的前额叶皮质切除手术。

在前文中，我曾经提到，人类为了适应环境，更好地生存，逐渐进化出了自控能力。那么，这种自控能力的进化，是通过什么途径实现的呢？答案很简单：是通过大脑的进化实现的，更确切地说，是通过前额叶皮质的进化实现的。

换言之，让我们的意志力发挥作用的，正是我们大脑中的前额叶皮质。

这也意味着，许多时候，我们之所以控制不住自己，做不到自律，也许并不是我们不想自律或缺乏自律的决心，而只是因为我们的前额叶皮质出了问题。

说到这里，我们不妨一起来更深入地了解一下影响我们意志力的前额叶皮质。

前额叶皮质位于我们大脑前端的一个部位，属于大脑前庭。如果把大脑看成人体的控制室，那么前额叶皮质就是控制室的总司令，它主要负责我们的高级认知功能，如记忆、决策、注意力调控、计划、行为抑制等。

具体而言，前额叶皮质又可以细分为背侧前额叶皮质、背外侧前额叶皮质、腹侧前额叶皮质、腹内侧前额叶皮质四个部分。

其中，背侧前额叶皮质主要负责调控注意力、进行认知、做出行动等。比如，当我们能够按照自己心中所想，专心地做某一件事情时，就是背侧前额叶皮质在发挥作用。

背外侧前额叶皮质主要负责短期记忆、自我控制等。比如，当我们看见自己关注的人说话喜欢叉腰时，在背外侧前额叶皮质的作用下，对方的这一动作就会被记忆在我们的神经元中，在之后的谈话中，我们便会不自觉地模仿这一行为。

腹侧前额叶皮质主要负责情绪调控、情绪信息收集等。比如，当我们感觉压力过大时，腹侧前额叶皮质接收到这种情绪反应后，就会做出回应，帮助我们缓解压力。

腹内侧前额叶皮质主要负责接收来自其他脑区的信息，并且对这些信息进行风险分析。比如，曾经有一位妈妈在看到自己的孩子快要走到马路中间时，她大脑内的腹内侧前额叶皮质能迅速收到预警，并且协同整个前额叶皮质快速做出决策，将马路中间的孩子迅速拽回。

构成前额叶皮质的这四个部分虽然各自具有不同功能，但它们的目的都是一样的，即共同承担起控制大脑中枢的责任，让人能够专注于某一件事。而所谓的意志力，就是由这四个部分构成的前额叶皮质活跃的成果——通常，前额叶皮质越活跃，我们就越自律；反之，前额叶皮质越不活跃，我们就越不自律。

关于这一点，西南大学心理学和社会发展研究中心课题组曾做过的相关实验就是最好的证明。在这个实验中，实验者采用了静息态功能性磁共振成像技术，分别观测了一组有拖延症的志愿者和一组没有拖延症的志愿者。观测结果显示：前者的前额叶皮质活跃度明显低于后者。也就是说，前额叶皮质活跃度越低，人就越拖延，越不自律。

前额叶皮质如何发挥作用？

看到这里，我们已经知道：前额叶皮质的活跃程度，深刻影响着我们的自律程度。那么，这种影响是如何产生的呢？

前额叶皮质的运作原理看似十分复杂，其实十分简单。你可以直接将其看作一个中枢机构，它从大脑的各个区域收集到信息，并制订相应的计划，做出最终的决策，然后将决策信号发送给控制行动的各个单位，进而控制人做出相应的行动。

在具体的运作过程中，它还会将多巴胺和去甲肾上腺素这两种神经递质[1]进行恰到好处的组合，从而对人体进行调节，更好地对我们的行为进行控制。

众所周知，多巴胺能使大脑兴奋，让人产生愉快的感觉，它能够提高心率，使人保持精力旺盛。而去甲肾上腺素，则具有收缩血管、兴奋心脏的作用。这两种神经递质如果用得好，就能够较大地提高我们的自控能力。

比如，当你在减肥时，却非常想吃蛋糕。这时候，你的前额叶皮质会因糖分摄入过多做出预警，并释放出过去储存的关于减肥后美好设想的记忆，然后通过多巴胺产生愉快的感觉，想吃的冲动就会得到很好的抑制。

总之，前额叶皮质在自控层面发挥着巨大作用，如果它被切除或者发生病变，将会给人带来不可逆转的损伤，让人走向两个极端——要么意志力超强，要么意志力逐步削弱。

前者是因为，病变的前额叶皮质可能会使多巴胺和去甲肾上腺素浓度升高，加快人体的条件反射频率，让人能够不被外界信号打扰，专注做一件事。

后者则是因为，前额叶皮质活跃度下降，导致神经递质的浓度下降，让人的注意力无法集中。抑郁症患者就是如此，大多数抑郁症患者之所以无法控制自己的情绪和部分行为，就是因为他们在遭遇了外界的不断刺激后，大脑激素紊乱，减少了杏仁核[2]对前额叶皮质的刺激，使前额

---

[1] 神经递质：是神经元之间或神经元与效应器细胞（如肌肉细胞、腺体细胞等）之间传递信息的化学物质。
[2] 杏仁核：是产生情绪、识别情绪和调节情绪，控制学习和记忆的脑部组织。

叶皮质活跃度持续下降。

在对前额叶皮质有了一定的了解后，你可能会问："为什么我没有做前额叶皮质切除手术，去医院检查前额叶皮质也未发生病变，可我的自控力还是不高，无法自律呢？"

这是因为，影响前额叶皮质的因素有很多，比如宿醉、休息不足、运动不够等。这些因素虽然不会让前额叶皮质发生病变，却能影响它发挥作用。

因此，当你感觉自己意志力不强、无法做到自律时，不妨静下心来想一想，是否有什么不好的习惯，影响了自身前额叶皮质的活性。

提高前额叶皮质活性的几种方法

看到这里，许多人或许会产生这样的疑问：既然不良的生活习惯会对前额叶皮质的活性产生负面影响，那么，反过来，良好的生活习惯能不能对前叶额皮质的活性产生积极影响呢？

答案是肯定的。研究表明，充足的睡眠、打坐冥想、运动等，这些都可以有效提高人类前额叶皮质的活性。

1. 充足的睡眠

在现实生活中，我们常常会听到有人这样劝解我们：千万不要在深夜做决定。

这是因为，前额叶皮质的运转十分耗能，而一般到了深夜，一个人的能量经过一天的损耗，已经所剩无几了。这个时候，前额叶皮质由于供能不足，会跳过对一部分信息的判断，有可能导致决策失误。

面对这种情况，如果我们选择先去好好睡一觉，确保睡眠充足，等到第二天再做决定，那么，我们最终做出的决定，可能就会变得客观很多、理性很多。

我的朋友老王就曾因妻子的深夜决策而深受其害。老王的妻子总喜欢在晚上逛淘宝，还越逛越兴奋，每到深夜，就会冲动地购买许多用不上的东西，尤其是在"双11"和"618"等促销活动期间。这让老王很是头痛。

后来，他听从我的建议，开始和妻子约法三章，让妻子白天就将需要购买的物品买好，不要等到晚上。如果妻子晚上一时兴起想在网上买东西，他会让妻子等到第二天早晨再做决定。由于调整了购物时间，老王的妻子也变得更"自律"了，冲动购物的频率明显降低了很多。

总之，充足的睡眠可以有效恢复前额叶皮质的活性，让我们的自控力恢复到正常水准。

2. 打坐冥想

如果说充足的睡眠可以确保前额叶皮质活性不降，那么，打坐冥想在提高前额叶皮质活性方面便更有优势。

经常健身的人都知道，健身时，要想使手臂变得更健壮，就需要不断锻炼手臂肌肉，通过增加肌肉的密度来达到目的。提高前额叶皮质活性也是一样的道理，可以通过多用、多刺激的方式，不断提高其处理信息、进行决策执行的频率，进而达到提高前额叶皮质活性的目的。

通常，人在打坐冥想的时候，思维会变得格外活跃。这时候，前额叶皮质处理信息、进行决策执行的频率也会大大提高。相应地，前额叶皮质活性就会得到提高。

3. 运动

通过运动提高前额叶皮质活性的原理和通过打坐冥想提高前额叶皮质活性的原理基本一致，不同的是：打坐冥想是因为提高了思维能力进而提高了前额叶皮质处理信息、进行决策执行的频率；运动则是通过不断的动，提高了前额叶皮质处理信息、进行决策执行的频率。

了解完前额叶皮质的相关知识后，相信现在的你一定明白了：许多时候，我们之所以不自律，并不是自己天生意志力薄弱，而是前额叶皮质出现了问题。

所以，当你发现自己不太自律时，请不要过多地责怪自己、折磨自己，而应该放松心态，反思自己是否有不好的习惯，影响了自己的意志力。然后慢慢调整训练，通过提高前额叶皮质活性，提升自己的意志力，让自己慢慢走上自律的道路。

五、你不是缺少力量，而是缺少处理欲望的能力

正确处理欲望的方式不是简单的"我想要"或"我不要"

俗话说："水患不除则滔天，贪欲不敛就丧身。"欲望是自律路上的最大绊脚石，能不能控制好自己的欲望、处理好自己的欲望，正是决定我们能不能做好自己的关键。这个道理相信大多数人都懂。只是在现实生活中，真正具备处理欲望的能力、能做到科学地处理自己欲望的人却并不多。

通过观察，我发现许多无法做到自律的人，他们在处理自己的欲望时，大多会采用以下两种错误的方式。

一种是"我想要"，即看到某样东西，想做某件事情，受到某种诱惑后，就毫不犹豫地去满足自己的欲望。

比如，周末的早上，想睡懒觉，于是就由着自己的性子，睡到大中午还不起来；看到某件漂亮的衣服，很想买下来，便毫不犹豫地刷卡带回家；突然想吃蛋糕、想喝饮料，于是立马打开手机，点开美团，开始下单。

采用这种方式处理自己欲望的人，往往随心所欲，想干什么就干什么，完全不受约束，不在乎后果，不考虑对错。

我曾经的员工小丽就属于这种类型。

平时上班时，小丽总是静不下心来，常常会为手游分散注意力。尽管公司有明文规定，工作期间玩游戏要罚款，但有好几次，我去洗手间经过她的办公室时，都会看见她的手机架在手机支架上，正停留在游戏界面。而看似埋头工作的小丽，时不时就会抬起头，用手点一下手机界面。

私下里，我找小丽聊过几次，告诉她这样做很影响工作效率，而且会

影响其他人。但效果却并不理想。往往"消停"几天后,她又会故态复萌。只不过,相比之前,她的手机会放得更隐蔽。

小丽的这种做法,就属于典型的在面对自己的欲望时,采取了"我想要"的处理方法。作为员工,她知道公司的规章制度,也知道玩游戏的确会影响工作效率,但那种直接满足欲望所带来的巨大快感,还是让她选择了放纵。

并且,在一次次的满足中,她的大脑会记住那种欲望被满足时的快感。久而久之,一旦她没有及时满足自己的欲望,内心就会产生巨大的落差和不悦。于是,她的自控能力会变得越来越差,想改变上班玩手游习惯的难度也会变得越来越大。

另一种是"我不要",即完全不理会自己的欲望,坚决压制自己的欲望。

比如,好几天没玩游戏了,很想玩一玩,却坚决不让自己玩;很想吃一块蛋糕、喝一口可乐,却拼命压制自己的欲望;喜欢一件衣服很久了,每次去逛街都会站在橱窗外看好久,但总是告诉自己"不能买,坚决不能买"……在他们眼中,欲望就是洪水猛兽,就是万丈深渊。

正所谓"堵不如疏",处理欲望也是如此,长期压抑欲望并不是一个明智的选择。因为物极必反,很多时候,我们越是压抑,反而越容易陷入欲望的旋涡,成为欲望的奴隶。

朋友阿玉曾和我分享过她攒钱的故事。刚毕业那会儿,阿玉一心想攒钱,于是,她极力克制自己的消费欲望,看到好吃的、好玩的,或者看中一件衣服、一双鞋子后,尽管心里很想拥有,但她一定会克制自己。

然而,越是克制,花钱的欲望就越强烈。这样做的后果就是,她对于买东西有了一种变态的欲望，平日里完全不买，可一旦找到买东西的理由和机会，比如，庆祝生日的时候、年底回家过年的时候，便会疯狂花钱，买一堆乱七八糟的东西。最后的结果是，既经受了克制欲望的那种痛苦，又没攒下钱，可谓得不偿失。

总之，不管是"我想要"，还是"我不要"，都不是科学的欲望处理方式。采用这样的方式处理欲望，只能说明我们缺乏处理欲望的能力。

那么，更好的欲望处理方式应该是什么呢？答案是"我真要"。

如果你认真观察身边那些真正自律的人，就会发现，他们在面对自己的欲望时，既不会直接满足，也不会压抑，而是会采用"我真要"的方式，合理地满足自己的欲望。

比如，同样是玩手游，他们不会完全不让自己玩，而是会合理规划玩的时间、玩的场合；再比如，同样是购物消费，他们不会完全不给自己消费的机会，但是会控制消费的金额和频次。

应该说，一个人只有拥有了正确的处理欲望的能力，能够以"我真要"的方式科学对待自己的欲望，他的自律之路才会最终走得通。

"我真要"的欲望处理法则

那么，作为普通人的我们，如何才能做到在面对自己的欲望时"我真要"呢？

要做到这一点，首先，我们需要客观地看待欲望、正确地认识欲望，而不能一味地"谈欲望色变"。

从本质上说，欲望本身是中性的，没有好坏之分，它既有可能成为我们成长、自律路上的绊脚石，也有可能成为我们成长、自律路上的催化剂，至于究竟是哪种结果，主要还是看在面对欲望的时候，我们会采用什么样的处理方式。

比如，在面对金钱欲望时，有的人选择脚踏实地，努力工作；有的人选择投机取巧，赚点快钱；还有人选择剑走偏锋，在法律的边缘反复试探……由于选择满足欲望的方式不同，结果也会大不一样。

从这个角度来说，采用"我真要"的方式处理自身欲望的第一步，就是不必害怕欲望，而应该积极去思考如何合法且合理地满足欲望。

其次，在采用"我真要"的欲望处理方式时，我们还需要在正确看待欲望的基础上，确定自己真正的欲望。

比如，人人都有生活得更好的欲望，但每个人对生活的理解并不一样。有些人"生活得更好"的欲望等同于"奋斗赚钱"；有些人"生活得更好"的欲望则等同于"安逸舒适"。

那么，在采用"我真要"的欲望处理方式时，我们就必须弄清楚，在"奋斗赚钱"和"安逸舒适"这两者之间,究竟哪一个才是自己真正想要的。

要知道，只有真正找出被众多欲望掩盖的真实欲望，在采用"我真要"的欲望处理方式时，我们才能够做到有的放矢。

最后，采用"我真要"的欲望处理方式时，我们还需要时刻保持理智，避免被欲望控制。

就拿吃饭来说，吃饭是人的本能之一，有的人吃七八分饱就可以了，但有的人硬是要吃到撑。同样面对吃的欲望，前者在有分寸地满足，而后者则是放纵地满足，完全被欲望控制了。

人虽然有理智，但若被欲望控制，则很容易失去理智。这样的例子数不胜数，比如：有的人为了购买奢侈品，不惜借高利贷；有的人为了苗条，去做安全性不高的手术……

总之，一定要尽可能地保持冷静，三思而后行，只有这样，才能够避免被欲望控制。

以上分享了几条"我真要"的欲望处理法则，你学会了吗？

六、自律机制不适合，再努力也没用

自律机制错了，一切都错了

兴高采烈地跑去图书馆，准备好好复习，结果却是换了个地方玩手机；兴致勃勃地买了瑜伽垫，立志要练出好身材，结果却是换了个地方躺着玩手机；开开心心地出门聚会，打算放松心情、维系友情，结果却是一群人换了个地方坐着玩手机……

对此，你感到十分苦恼，打算控制自己玩手机的时间，结果却又十分焦虑。于是，你开始转变策略，在网上照搬他人的自律计划，你每天早起，每天运动，按时吃饭，不吃零食。你发现自己的快乐越来越少，你付出了许多努力，最终却失败了。

这是为什么呢？你明明已经如此努力，为什么还是无法做到自律，甚至成了自律的奴隶呢？

原因其实很简单，你的自律机制选择得不合适，再努力也没用。合适的自律机制不会让人痛苦，而是会让人沉浸在自律的快乐之中。如果某个自律机制只让你感到痛苦，那不如换一个，尼采曾说"每一个不曾起舞的日子，都是对生命的辜负"，人生在世，还是快乐生活比较重要。

那么，你可以选择的、有效的自律机制有哪些呢？

下面，我将一一为大家说明。

有效的自律机制一：以正确的目标为核心

从时间维度上来看，自律是一件没有终点的事情。比如，你想减肥，就得管住嘴，减肥成功后，你仍需控制饮食，稍有松懈就会反弹。在一定程度上，你的自律到离开人世的那天才算真正结束。

当你做一件永远看不到尽头的事情时，就很难坚持下来。因此，我们自律时，需要选择正确的目标，并用自律的行动来构成自律机制。

你身边是否有这样的人：他们自律是为了实现一个短期的目标，当这个目标实现后，就变得异常迷茫，不知道今后何去何从？

比如，渴望财务自由的人，会极自律地严格要求自己，高效完成工作，甚至还要"斜杠"一下，恨不得直接从"996"变成"007"，多赚一点钱。可等他们赚到曾经希望达到的数字之后，就开始变得迷茫，不知道接下来要去做什么，于是选择了继续和赚钱死磕。虽然钱到手了，身体却垮掉了，他们依旧得不到快乐。

再如，那些急切想结婚的人，在成家之后，却不知道如何经营，导致家庭关系不和睦，他们也过得不快乐……

由此可见，为了单一维度的目标而自律是不稳定的，因为这个目标完成后，我们就没有了继续自律的动力，自然而然就会变得焦虑。再说，人生百年，充满未知数，一个单一的目标又怎能支撑我们走下去呢？

因此，在选择某一目标为核心的自律机制时，我们需要从多个维度来确定自己各个阶段的自律目标。比如，在三十岁之前实现财务自由，在三十五岁之前到多个地方或国家旅行一次，在四十岁之前……让各个目标穿插在我们的生活中，我们不会因目标单一而感到无趣，也不会因实现目标遥遥无期而感到焦虑。

有效的自律机制二：以习惯为核心

最适合普通人的自律机制，莫过于以习惯为核心的机制。

我曾经认识的一个超级学霸，他是一个自控力很强的人，做任何事情都井井有条。在放暑假前，他开始制订计划，对学习、运动和娱乐都制订了详细的计划。可令人意想不到的是，这位学霸竟然打破了以往的光环，一个暑假的运动时间加起来也不过两小时，至于学习，他除了第一天坚持了，后面的日子都在呼呼大睡。本该外出的娱乐时间都花费在打游戏上了。在暑假期间，他也开始有了之前从未有过的烦恼：为自己的不自控而焦虑。

只不过，与别人不一样的是，他的心路历程是这样的：没按计划进行——后悔，责怪自己——开始寻找计划失败的原因——找出解决方法——重新制订计划。如果计划成功，他会继续进行下去；如果计划失败，他会继续寻找问题和答案，直到自己的计划获得成功。

经过这样的过程，他再也没在以后的假期中浪费时间，而是使自己的目标一一得以实现。

学霸成功的过程值得我们学习，其失败的根源更需要我们警惕。你是不是也有同感：时间越充裕，条件越好，反而越没有毅力和自律的劲头？

上高中时，即使时间紧迫，每天都奋战在题海中，第二天依旧能像打了鸡血似的继续努力。而进入大学，时间充裕，却没了当初奋斗的毅力。不仅不学习，还整夜整夜地游荡在游戏中。

出现这种状况，主要是因为支撑我们坚持下去的是习惯，而非内在的自控能力。在高考前，我们在学校的大环境中，被动地形成一些不错的习惯，比如早起、减少打游戏的时间，而且还有一个明确的目标——考上一个好大学。这种习惯是在日复一日的重复中实现的，在执行时就像是喝水、吃饭一样自然。

你喝水时，只需拿起水杯，往嘴边一送，哪还需要什么自控力呢？以此类推，我们在高中时的一些自律行为的驱动力根本不是来自自控，而是习惯。当我们进入大学后，身上的"枷锁"被打开了，将曾经的习惯坚持到底，需要的才是自控力。

因此，我们想在某件事上自律时，最好是将这件事变成如同喝水吃饭一样自然的习惯。而养成习惯主要依靠触机、惯性行为、奖励和信念四个因素，如图3-2所示。

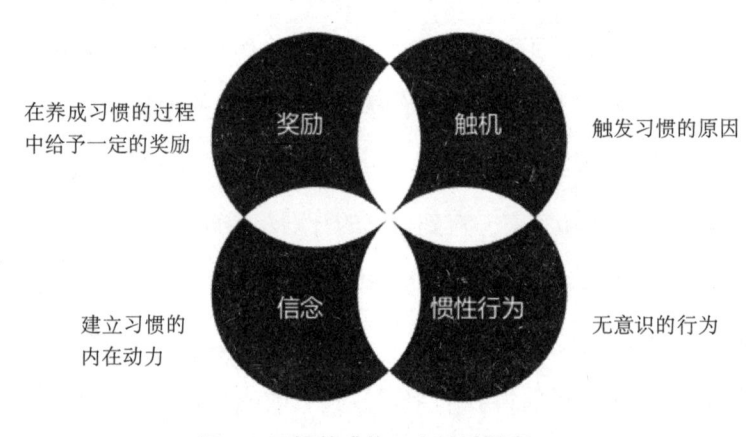

在养成习惯的过程中给予一定的奖励　　奖励　触机　　触发习惯的原因

建立习惯的内在动力　　信念　惯性行为　　无意识的行为

图3-2 习惯养成的四个关键因素

习惯的触机多种多样，有可能是时间、地点，也有可能是一句话、一首歌。比如，你每天定闹钟，养成了闹钟一响就起床的习惯，那么你的习惯触机就是闹铃。而且触机是中性的，它没有好坏之分，只有由它触发的惯性行为才有好坏之分。

惯性行为是无意识的，是长期形成的。比如，你在刷剧时，总会无意识地吃零食；每天上班第一件事情就是整理桌面……这些都是惯性行为。

而自律就是通过建立新的好习惯，替换掉坏习惯。在这个过程中，你可以专门设定一个触机，让新习惯快速"站稳脚跟"。

奖励就是在建立新习惯的过程中，给予自己正面的鼓励。

近几年，竞技类游戏备受人们喜爱，这是为什么呢？因为在游戏中，人们可以快速得到反馈，并且可以获得奖励。比如，你打赢了一局游戏，就会有胜利的喜悦作为奖励，就算输了，也能马上开始下一局。如果建立新习惯，也能做到和玩游戏一样，及时地给出反馈，甚至是奖励，又何愁无法建立新习惯，做到自律呢？

比如，你在减肥时，看见有了一些效果后，可以发个朋友圈，鼓励鼓励自己。这些都是给予奖励的方法。总之奖励可以是物质层面的反馈，也可以是精神层面的反馈。

而坚定的信念就只是精神层面的正面反馈。你要坚信，无论是实现财务自由，还是减肥、学习，其本质都是为了成为一个更好的人。秉持这样的坚定信念，你就能忍受自律过程中出现的痛苦与挫折。

以上四个方面，能够帮助我们培养一个良好的习惯，建立以习惯为核心的自律机制。

有效的自律机制三：以成就感为核心

成就感是怎么来的呢？

原来自律时，大脑会对我们所做的事情进行判断，像财务一样估算自律行为需要花费的时间和精力，然后根据预算释放一定的多巴胺和去甲肾上腺素。如果这一行为实际花费的时间和精力，在预估范围之内，大脑就会有剩余的时间和精力来释放更多的多巴胺，这就会使大脑感到愉悦，从而形成成就感。

以成就感为核心的自律机制，可以让人在尝试自律的过程中获得成就感，从而激励自己，变得更为自律。因为自律又获得了更大一点的成就感，成就感继续激励自律，如此循环往复，便让人在快乐中实现了自律。

美国著名心理学家凯利·麦格尼格尔针对自律撰写了《自控力》一书，她在书中说，培养并提升自控力，不需要设定远大的目标，每天只需要花费五分钟即可。在这五分钟里，你完成了今日的目标，就会获取成就感，明天你再完成目标时将会更有热情。

总而言之，为了自律而自律，就像掉进了无底洞，根本无法爬出来，极其痛苦。因此，你需要找到能够激发自己内驱力的自律机制，找到支撑自己坚持下去的内驱力，方能体会到自律的快乐。

PART 4
一张根治"伪自律"的神奇药方

"磨刀不误砍柴工。"养成自律前,先找到不自律的原因,找到自律背后蕴藏的真相。一张根治"伪自律"的神奇药方,让你在拥有人生自主选择权的同时,用最科学的方法去获得真正的自律,养成自律感体系。

一、延迟满足，一切自律的开始

关于延迟满足的棉花糖实验

20世纪60年代，美国斯坦福大学心理学教授沃尔特·米歇尔曾做过一个关于意志力对一个人一生影响的著名实验。

当时，米歇尔及其团队招募了十几名儿童志愿者作为实验对象。他们准备了一间小房间，在房间里放了当时孩子们最喜爱的零食之一——棉花糖。然后，他们将孩子们带进了房间，要求他们在房间内待够十五分钟。

实验开始之前，米歇尔告诉孩子们，如果他们能在十五分钟内忍住不吃棉花糖，不仅能够获得屋子里摆放的棉花糖，还能获得其他零食作为奖励。当他们忍不住要吃棉花糖时，需要摇响屋内的小铃铛。

实验开始后，有一部分孩子根本抵制不住棉花糖的诱惑，直接吃了棉花糖；另一部分孩子则十分煎熬，一直抑制着自己想及时享受美食的欲望，但最终还是摇响了铃铛，吃了棉花糖；只有十分之三的孩子，忍住了想吃棉花糖的欲望，在十五分钟里，一直没吃棉花糖，坚持到了最后。

到这里，实验并没有结束。在此后长达几十年的时间里，米歇尔又对孩子们进行了持续的观察。通过观察，他发现：在那次实验中，坚持到最后也没吃棉花糖的那十分之三的孩子，上学时，学习成绩要远远好于参与实验的其他孩子；工作后，工作业绩也远远好于参与实验的其他孩子。

不仅如此，米歇尔还发现，当年那些一刻也不能等、直接选择吃掉棉花糖的孩子，相比于其他孩子，变得肥胖或沾染上不良习惯的概率明显更高。

据此，米歇尔认为，意志力对一个人一生的影响至关重要。

为了验证这一结论的正确性，米歇尔还专门对当年参加实验的孩子们进行了脑部扫描，扫描结果显示：那些善于等待、坚持到最后的孩子，前额叶皮质明显更活跃（关于前额叶皮质与自律的关系，可参看本书PART3 第四小节）。

于是，根据自己的实验结果，米歇尔提出了"延迟满足"的概念，并形成了这样的观点：善于延迟满足的人，往往更有耐心，更愿意为了更有价值的长远利益而放弃眼下唾手可得的即时利益，这意味着他们拥有更强的自控能力。

这便是著名的关于延迟满足的"棉花糖"实验。

延迟满足的核心是放弃、忍耐和等待

不可否认，如今的我们，正生活在一个物质和信息极其丰富的时代，我们可以轻而易举地获得各种快感、满足感。比如，随时随地通过点外卖吃到各种美食；接连几小时刷抖音；熬夜追剧、看电影、打游戏；等等。这些行为，都可以让我们快速获得满足感、愉悦感和幸福感。

只不过，通过这种及时行乐的方式快速获得的满足感和愉悦感，往往来得快去得也快，几乎不会给我们留下任何有意义的东西。

而与这种快速获取又快速失去的满足感和愉悦感相对应的，还有一种更持久、更强烈的满足感和愉悦感。只不过，要想获得这种长久、持续且强烈的满足感和愉悦感，我们首先要牺牲掉眼前的、短暂的、可快速获得的满足感和愉悦感。

我们把这个过程，称为"延迟满足"。

比如，每个月拿到工资后，如果我们没有选择及时行乐，把钱花在消费娱乐上，而是选择过节俭的"苦"日子，攒钱买房。那么，这种为了未来更长久的幸福、安定，克制能暂时带给我们幸福感的花钱欲望的行为，就是一种延迟满足。

再比如，好不容易熬到星期六，终于有了大把大把可自由支配的时间，如果我们没有选择将时间花在打游戏、追剧、看球等只能带给我们片刻欢愉的事情上，而是选择了看书、学习，为将来变得更好、更优秀做准备，那么，这种为了未来更长远利益而暂时放弃眼前利益的行为，就是一种延迟满足。

总之，所谓的延迟满足，就是甘愿为了更有价值的长远结果，放弃眼前的诱惑，忍耐暂时的痛苦，心甘情愿地选择等待，它与我们的健康、个人价值实现、高级精神追求息息相关。

在《围城》中，钱锺书曾经这样写道："天下只有两种人。譬如一串葡萄到手，一种人挑最好的先吃，另一种人把最好的留在最后吃。照例第一种人应该乐观，因为他每吃一颗都是吃剩的葡萄里最好的；第二种人应该悲观，因为他每吃一颗都是吃剩的葡萄里最坏的。不过事实上适得其反，缘故是第二种人还有希望，第一种人只有回忆。"

任何时候，其实我们都在做关于如何行动的决定。在这个过程中，不可避免地，我们会面临究竟是实现当下的满足感，还是先不满足当下，追求未来更长远、更有意义的满足感。如果你选择了前者，那么很遗憾，你注定做不到自律；如果你选择了后者，恭喜你，你迈出了走向自律的第一步。

从这个角度而言，做到了"延迟满足"，自律才能真正开始。

延迟满足感的三个小技巧

路遥在《平凡的世界》里写道:"我们摆脱不了平凡,但可以摆脱平庸。"诚然,人生本身就是一个可以通过努力不断变好的过程。

只不过,在这条通向更好的道路上,我们需要抛弃及时享乐的思想,耐心提升自我,忍受漫长孤独。只有放弃片刻欢愉,只有坚持积累实力,只有追求更高的目标,在成长的道路上,才能撕下平庸的标签,遇见更好的自己。

那么,我们该如何延迟满足呢?延迟满足不是一蹴而就的,而是通过一步一步加强训练得到的,在刻意练习的过程中,以下几个小技巧或许可以帮助到你。

1. 循序渐进,延迟从一分钟开始

延迟满足的一个小技巧就是遵循循序渐进的原则。正如饭要一口一口吃一样,延迟满足也需要循序渐进地进行。如果我们一上来就给自己提出一个极高的要求,无期限地延迟满足自己,那么,在坚持的过程中,反而容易败下阵来;反之,如果我们一开始就选择慢慢开始,一点一点逐步延长满足自己的时间,那么效果就会事半功倍。

2. 适当借助他人的帮助

有时候我们的自律意识可能不够强,因此,我们可以让朋友和家人来监督自己。比如,当你想存钱买电脑时,路过商场却又忍不住想买衣服,此时如果有一个闺密提醒你存钱的目的,就会让你坚持延迟满足,继续存钱。

3. 使用积分制来延迟满足

你可以给自己设置积分,完成相应的自律行为就会获得一定的积分,

当积分达到一定的数额时，就可以合理满足自己的一部分欲望，作为奖励。

李小姐在孩子小的时候就采用这样的方法，让孩子养成了不少好习惯。她的孩子小时候特别喜欢吃甜食，为了控制孩子吃糖，李小姐告诉孩子：你每天少吃多少颗糖，就能获得相应的积分，当积分达到一百时，我就会给你买你一直心心念念想要的玩具模型作为奖励。果然，为了得到玩具模型，孩子开始有意识地减少吃糖。

我们在培养延迟满足的能力时，也可以学习李小姐培养孩子的方法，设置积分和奖励，鼓励自己坚持自律。

以上就是延迟满足感的三个技巧，你学会了吗？有首歌里这样唱道："不经历风雨，怎么见彩虹？"从某种程度而言，延迟满足就是我们需要经历的风雨，而彩虹则是我们通过延迟自己的满足感而获得的长远利益。

二、获得自律的能量——内驱力

没有内驱力的自律就是一盘散沙

"要是我大学能少玩手机多学习就好了……"

"要是我年轻的时候没熬那么多的夜就好了……"

"要是我 4 月份就已经开始运动就好了……"

现实生活中，我们总是能听到一些人发出自律后悔"宣言"，感慨自己没能早点懂得自律的重要性，过自律的生活。每当听到这样的言论，我的内心总会响起这样的声音：即便再来一次，你们就真能做到自律吗？

在我看来，大部分人之所以不自律，其实并不是因为不知道自律的重要性，而只是因为缺乏自律的能量——内驱力。所以，即便再给他们一次机会，他们依然会重演过去，依然会毫不节制地玩手机、熬夜、不运动。

何谓内驱力？顾名思义，内驱力就是驱动自己坚持做某件事的动力。如果把做某件事比喻成开车，那么，内驱力就是汽车的燃料。如果没有燃料，车又如何启动、如何开走呢？同样的道理，缺乏内驱力，我们很难将一件事做成。

关于内驱力的重要性，下面的故事或许可以带给我们更多的启示。

小周是一位大二的学生。前段时间，宿舍里所有的人都考过了英语四级，只有她没过。对此，她感到十分焦虑。

后来，室友给她推荐了一款英语学习 App，让她每天打卡学习十分钟。

室友告诉她，当初自己就是使用这样的方法，快速提升英语成绩，最终顺利通过四级考试的。

听完朋友的建议后，很快地，小周就开启了自己的英语学习打卡之路。可她每天除了打卡学习的这十分钟就再也不会看英语一眼。最开始，小周还能坚持学习，慢慢地，她登录 App 只是为了打个卡，学习英语也变成了走形式。最后，小周还是没能通过英语四级考试。

上述故事中的小周，后期的学习状态就是为了学习而学习。问题是，当没有强烈的学习欲望作为内在支撑，当缺乏足够的学习动力时，她的学习又如何能够坚持下去呢？自律也是一样的道理，如果一个人为了自律而自律，没有内驱力，那么他的自律就会变成形式主义。

也许一开始你是满怀信心去做这件事的，可日子一久，新鲜感退去，你会变得十分疲惫，开始质疑自己日复一日这样做的目的，开始反思自己所做的事的意义。

就拿早起来说，你可能会产生这样的疑问：我上班早起是应该的，周末为什么还要早起呢？我早起又没有特别重要的事情，为什么不能多睡一会儿呢？我早起的意义究竟是什么？

可如果放弃早起一段时间后，你在周末每天睡到大中午，饿了点顿外卖，然后继续躺着。这时你可能又会想：我要是能坚持早起就好了，那样有意义多了。仿佛只要早起了，人生就有意义了。

长期在这种"我的坚持没有意义"和"我要是能够自律就好了"的思想矛盾中求生，即便你曾经拥有较强的意志力，也会被消磨殆尽。

所以，没有内驱力的自律，就像一盘散沙，根本不可能成型。

自律的内驱力从何而来？

那么，自律的内驱力从何而来呢？

根据马斯洛需求层次理论（如图 4-1 所示），人的需求被分成了生理需求、安全需求、社交需求、尊重需求、自我实现需求五个层次。人的一生都在为满足自身的这五个需求而努力，这五个需求，可以说是人们生活工作，乃至一切行为动力的来源。

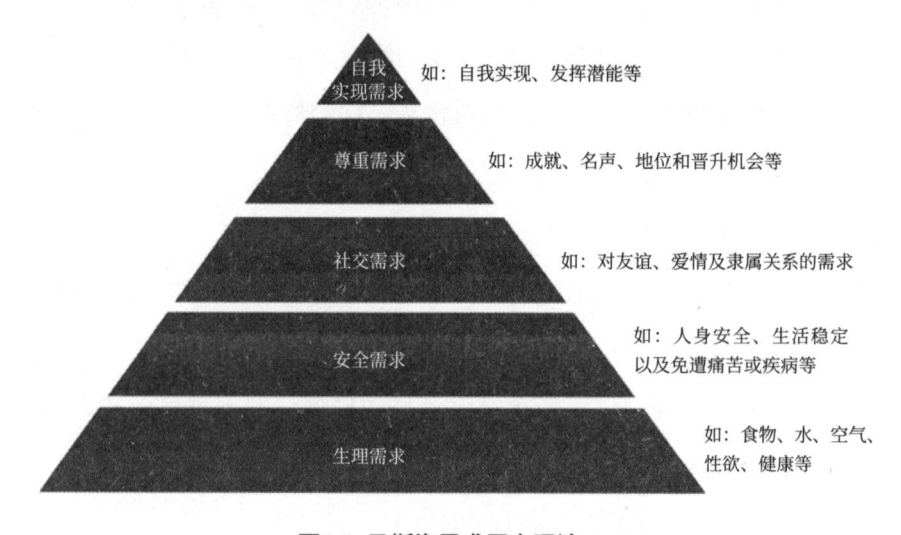

```
自我实现需求    如：自我实现、发挥潜能等
尊重需求       如：成就、名声、地位和晋升机会等
社交需求       如：对友谊、爱情及隶属关系的需求
安全需求       如：人身安全、生活稳定以及免遭痛苦或疾病等
生理需求       如：食物、水、空气、性欲、健康等
```

图4-1 马斯洛需求层次理论

古时候，人们每天早睡早起，去田里劳作，难道是因为他们热爱种庄稼吗？当然不是，他们不种庄稼就会饿肚子，他们的生理需求将无法得到满足。因此，生理需求是促使人自律的最基本的内驱力。

后来，人们的日子变好了，吃穿不愁，但有许多人依旧保持着每天劳作的习惯。他们希望借此来积累财富，从而让自己生活得更安心。这就是以安全需求为核心的自律驱动力。

当一个人有吃有喝、有一定的经济积累后，他可能会选择旅行，借此来看看生活中的美景，遇见更多有趣的人。人是社会性动物，一个正常的人往往喜欢通过社交来感受自己的存在。这种行为是以社交需求为内驱力的自律。

有一些老师在教学过程中，经常采用称赞的方式来激发学生的学习兴趣。学生会因为老师的称赞，感觉自己的努力获得了认可，为了获得更多称赞，学生会坚持学下去。这就是以尊重需求为内驱力的自律。

许多大公司都会在内部设置各种有分量的奖项，用以表彰表现优秀的员工。拿华为来说，他们特地邀请世界知名的铸币银行设计奖章，奖章的纹路优美，而且都是由黄金打造的。每个获得奖章的华为员工都会为此感到自豪，感觉自己实现了人生的意义，因此会更加努力地工作。这种以自我实现需求为核心的内驱力，成为华为员工不断进取的动力。

这五种层次的需求，就是人们自律内驱力的来源。这些需求带来的动力十分强大，而且在一般情况下需求越是基础，其力量越大。一个人如果不自律就无法获得他人的认可，那么他可能还会"懒"一会儿；但如果一个人不自律就会饿死，他还会躺着等死吗？因此，原则上生存需求能够在自律的过程中为我们提供更为强劲的内驱力。

说了一般情况，自然还有特殊情况。在战乱时期，一个个视死如归的勇士，他们在自身难保的情况下依旧忧国忧民，这种自律则来自最高层次的需求，这种需求超越了所有需求的能量。

而今天，我们的生活条件得到极大改善，不必再为温饱发愁，我们反而愿意花费更多的时间和精力来实现自我价值。因此，自我实现需求能够为我们提供的内驱力,将会远远高于生存需求。我们要完全实现自律,就得依靠这一层的需求来提升自我的内驱力。

正如朱熹笔下所写:"问渠那得清如许?为有源头活水来。"自律是一个持久的过程,而内驱力,正是推动我们走完这个漫长过程的关键力量。只有拥有内驱力的人,才能真正做到自律。

三、跳出舒适圈，"野蛮生长"的人生充满无限可能

追求舒适没有错，沉溺于舒适才是错误的

毋庸置疑，生活在这个世界上，每个人都不是独立存在的，都有属于自己的圈子——家人、朋友、同事以及其他各种社会关系等，共同构成了这个圈子。所谓舒适圈，顾名思义，就是让人感觉舒适的圈子。在这个圈子中，有你熟悉的一切；在这个圈子中，你可以舒心安逸地生活。

比如，假设你是一名自由职业者，每天做着自己喜欢的工作，累了就睡觉，心情不好就外出旅行，家人朋友也十分关心你。冬天，你可以睡到自然醒；夏天，你可以待在空调房里，吃着西瓜，连着 Wi-Fi 追着剧。没有人会对你的生活指手画脚，没有人会逼着你努力上进。有十块钱，你就心安理得地过十块钱的生活；有一百块钱，你就开开心心地过一百块钱的生活。从未想过改变。

这样的你，就是一个典型的处于舒适圈的人。

从本质上说，拥有属于自己的舒适圈，其实是一件非常幸福的事情。追求舒适也是人的一种本能。

远古时期，人们为了拥有舒适的生活，将捕获的动物皮毛制成蔽体的衣物；到了现代，人们发明了电视机、洗衣机、空调等电器，通过听音乐、玩游戏、旅行等方式放松自己，这些都是为了舒适。

然而，过分沉溺于舒适却是一种危险的行为。因为在长期的舒适享乐中，人的意志力、奋斗的精神、努力的愿望，都会慢慢被消磨掉，从而变

得懒惰松懈、盲目自信、不思进取、裹足不前。

说到这里，你不妨回想一下，在现实生活中，有没有遇到过这样的情况：精心养在家里的花草，总是"半死不活的"，养护稍有不当，叶子就会变黄。但你若将它丢到户外，即便每天风吹日晒，几天之后它却能焕发出从未有过的生机。然而，当你再次把它养护起来时，它又会失去活力。

为什么会这样呢？

原因很简单：因为我们养护的花草，生活在一个不需要任何付出的环境中，自然不需要维持活力，为抵制灾害做准备。而生长在野外的花草，需要时刻保持"警惕"、要努力扎根才能生存下来，因此显得更加生机勃勃。

其实人与植物一样，也需要有野蛮生长的环境，才能迸发出无限活力、创造出无限可能。而要想拥有野蛮生长的环境，首先就要走出让自己无忧无虑的舒适圈。

19世纪末，美国康奈尔大学的科学家们曾做过这样一个实验：他们首先将一只青蛙丢到一锅煮沸的水中，结果青蛙因为受不了沸水刺激，很快就跳出锅外逃走了。然后，他们将沸水换成了冷水，并再次将青蛙丢到了水中，继续对锅加热。这一次，因为没有感觉到任何不适，青蛙怡然自得地留在了水里。渐渐地，当锅里的水温上升到青蛙无法适应的程度时，意识到危险的青蛙却已经失去了逃生的力量，最终被活活地烫死了。

这个实验，就是著名的"温水煮青蛙"实验。

所以你看，青蛙尚且如此，更何况人呢？过分沉溺于舒适区，很容易让人失去应有的警觉，变得麻木、懒惰、心安理得。殊不知，那份让我们沉溺的舒适，很可能成为毁掉我们的元凶。

警惕！你以为的"舒适圈"，可能只是"堕落圈"

我曾在一本杂志上看到过这样一个故事：

有一对双胞胎，他们长相酷似，成绩都很优秀，性格也都很好，以至周围的人经常分不清他们。

这种无法被人区分的情况让弟弟非常恼火。后来，弟弟想到一个好主意，决定变得和哥哥不一样。于是，他不再勤奋、上进、乖巧，而是变得懒散、拖拉、叛逆，做什么事都漫不经心。渐渐地，他发现，所有人都能区分他们兄弟俩了。更重要的是，在刻意与哥哥变得不一样的过程中，他开始慢慢习惯并喜欢上了那种轻松、惬意、不必努力的舒适生活。

就这样，在后来的时光中，哥哥一如既往地努力，弟弟却沉溺于舒适，过上了另一种完全不同的生活。

最终，不同的生活方式，也导致了兄弟俩不同的结局：长大后，哥哥成为一名杰出的企业家，而弟弟却生活得穷困潦倒，经常靠父亲接济度日。

令弟弟一直耿耿于怀的是，小时候自己明明和哥哥一样优秀，长大后为什么会出现如此大的落差呢？

其实，成年后的弟弟之所以和哥哥迅速拉开了差距，原因是显而易见的：在成长的过程中，哥哥始终在严格要求自己，不断突破自己，而弟弟却选择了一条与哥哥完全相反的道路，为自己打造了一个自认为舒服的"舒适圈"，待在这个"舒适圈"里的他，变得不再努力，不再上进，得过且过。最终，不同的选择也导致了他和哥哥之间的距离越来越大。

这个故事让我很是感慨。有时候，当我们降低了对自己的要求，变得不再努力上进的时候，我们以为这是为自己找到了一个"舒适圈"，并且心安理得地待在这个"舒适圈"内。殊不知，这个"舒适圈"其实也是一个"堕落圈"。从走进这个"堕落圈"的那一刻起，我们便自动屏蔽了生活中潜在的危机，只能感受到生活的惬意与快乐。久而久之，我们也就慢慢失去了应对危机的能力和让自己变得更好的可能。

传说，在自然界有一种吸血蝙蝠。当这种吸血蝙蝠落在牛的身上时，最开始，它们会遭遇牛的驱赶。为了安抚牛，蝙蝠会用舌头舔舐牛的血液，在这个过程中它们的唾液中会释放出一种麻醉剂，让牛获得快感。于是，被麻痹的牛便心安理得地接受了蝙蝠的舔舐，不再驱赶蝙蝠。当一只蝙蝠喝饱血后，另外的蝙蝠会继续吸食。最终，这头牛会在快感中被吸干血液，走向死亡。

这个故事中的牛代表的正是我们，蝙蝠则象征着我们所处的舒适圈，而蝙蝠释放的麻醉剂，就是舒适圈所带给我们的舒适、快乐、安逸的感觉。正是因为有了这种感觉，我们不愿再离开舒适圈。最终，就像牛会在快感中被吸干血液走向死亡一样，我们也会在舒适圈所带来的暂时的舒适、快乐中迷失自我，变得平庸。

所以，在我看来，舒适圈就像被蜜糖包裹的毒药，看上去很诱人，初入口时也甜滋滋的，等到了最后却会在无形中取人性命。一个人要想变得更好，就必须勇敢走出舒适区，去接受那些暂时让自己感觉不太舒适的东西。总有一天，那些让我们感觉不舒适的东西，都会变成岁月对我们的馈赠。反过来，那些让我们感觉舒适的东西，则可能成为毁掉我们的元凶。

跳出舒适圈的两个关键步骤

不知道你是否看过这样一个故事：

一名教授在白纸上画了一个圆圈，圈里有一群人围着一个人、一座房子、一辆汽车、一只猫以及一些办公物品等。然后，教授把画拿给学生们看，问他们："这个最中心的人是你们，你们在这个圈子里生活得十分安逸。你们有没有想过一旦走出这个圈子你们会怎样？"

一个学生不假思索地回答道："当然是感到害怕啊！"

"害怕什么呢？"教授继续问道。

"害怕犯错。"学生积极地回答。

"那么，如果你走出了圈子，犯了错，会得到什么结果呢？"

学生思考了一会儿，回答说："我会学到新的东西。"

教授欣慰地笑了。

在这个故事中，教授笔下的圆圈，实际就是所谓的舒适圈。就像故事中的学生所言，跳出这个圈，或许会让我们感觉害怕、感觉不舒服。但如果我们能克服内心的恐惧，改变内心的犹豫，选择勇敢地迈出关键一步，那么，我们就会看到更多不一样的风景，得到更多之前得不到的东西，收获更多之前不曾收获的成长经历。

总之，舒适圈只是表面看着舒适，实际却危机四伏。沉溺于舒适圈的人，就像被温水煮着的那只青蛙，永远意识不到危险的存在，直到自己被活活烫死；相反，人一旦跳出舒适圈，就有可能变得更优秀。

问题是，作为"青蛙"的我们，如何才能跳出自己的舒适圈，避免被"沸水"烫死呢？答案十分简单，我认为只需要两步即可。

第一步：找到自己不敢或者不能走出舒适圈的原因

通过观察，我发现，大部分人之所以不愿意走出舒适圈，无外乎以下三大原因：

一是舒适圈让我们收获了令我们非常满意的东西，比如安定的生活、稳定的生活来源等；二是不敢面对改变带来的痛苦，害怕承担因为跳出舒适圈而造成的后果；三是对未知的一切感到恐惧，不知道做出改变后，会面临怎样的结果。

总之，要想跳出舒适圈，先要分析自己不敢跳出的原因，然后再有的放矢地说服自己，规避跳出舒适圈可能会带来的风险。

第二步：制订规划并做出行动

找到了不敢或者不能打破舒适圈的原因后，接下来，就到了具体的实施阶段。在这个过程中，为了让我们跳出舒适圈的选择看起来不那么盲目，同时为了提高成功率，我们需要制订详细的"舒适圈逃离"计划。

通常，在制订具体的规划之前，我们可以运用SWOT分析法（如图4-2所示）分析自身的优劣势，以保证制订的改变计划更科学、更符合实际。

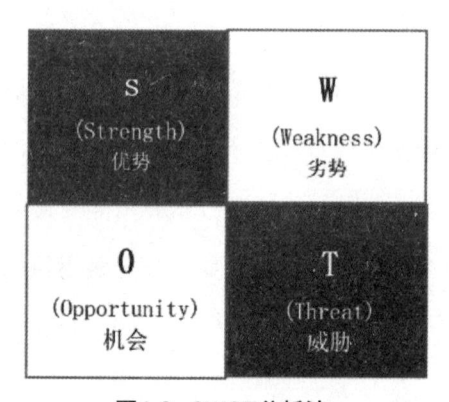

图4-2 SWOT分析法

自身的优劣势分析完毕后，接下来，就是根据具体的分析情况，制订具体的改变方案。当然，方案做出来后，还要严格执行，必要时给予自己奖励或惩罚，克服惰性。毕竟，不执行的方案，就是纸上谈兵，没有任何意义。

以上介绍了跳出舒适圈的两个关键步骤，你学会了吗？

总之，人无远虑，必有近忧，我们每个人都需要用长远的眼光来看待自己，切忌一叶障目，不可沉溺于舒适圈，贪图一时的安逸。只有跳出舒适圈，人生才会充满无限可能。

四、做好目标管理，自律不再是空想

目标管理第一步：高效制定目标

有人曾说："有了长远的目标，才不会因为暂时的挫折而沮丧。"这句话同样适用于自律。通常，当一个人有了目标后，他就有了清晰的方向，就不会轻易被沿途的诱惑吸引，进而变得更加自律。反过来，自律又会促使他将想法付诸行动，更好地完成目标。

总之，做好目标管理，自律才不会是空谈。而要进行目标管理，首先就要学会制定合理的目标，在这里，我推荐大家使用SMART目标制定法。

SMART由五个单词的首字母组成，这五个单词分别是——Specific(具体的)、Measurable(可衡量的)、Attainable(可实现的)、Relevant(相关的)、Time-based(有时限的)。这五个单词，代表的正是SMART目标制定法的五大目标制定原则，详情如表4-1所示。

表4-1　SMART目标制定法

S	Specific (具体的)	目标任务要切合实际，不可以喊大而无当的空口号
M	Measurable (可衡量的)	目标任务必须是可以量化的标准，可以通过采集数据信息来衡量。如果没有可以验证的数据，就无法对目标执行者的目标完成情况进行判断
A	Attainable (可实现的)	目标任务应该是考核对象付出努力后能够实现的，过高的目标不切实际，过低的目标又起不到激励作用
R	Relevant (相关的)	各个小目标应该是相关联的，一环扣一环，是为总目标服务的
T	Time-based (有时限的)	目标任务应该具备期限，否则将有可能延迟完成，甚至迟迟出不了成果

为了让大家更清楚地感知 SMART 目标制定法的使用方法，接下来，我们通过一个案例来进行详细讲解：

燕子是一名高三学生，高中前两年，因为贪玩，她的学习成绩并不理想，一直处于"吊车尾"的状态。到了高三，一夜间长大的她，突然意识到了学习的重要性，并决定开始自律，改变以前不好的习惯，认真学习。为此，她专门给自己制定了一个学习目标——考取一所二本大学。

看到燕子的变化后，妈妈十分欣慰。在听了女儿的学习目标后，她反问女儿："你知道考取二本大学需要做些什么吗？"

燕子思索了一会儿，回答："我需要提升成绩，达到往年的二本线，才有机会进入二本院校。"

妈妈继续引导她："那你应该怎样做呢？"

"当然是努力复习、查漏补缺，实在不行还可以上辅导班！"燕子脱口而出。

"那具体应该怎样做呢？努力复习和查漏补缺都是空话。如果你没有明确的目标和具体的计划，将会没有方向，自律也只是三分钟热度，又怎么能考上二本院校呢？"

燕子听了，感到十分茫然，她确实不知道具体该怎样行动，只有努力这一个念头。看见女儿若有所思的样子，妈妈决定运用 SMART 目标制定法帮助女儿进一步完善"考取二本院校"的目标，让这个笼统的目标变得更具体、更切实可行。

首先，燕子和妈妈查询了往年的二本院校录取分数线，发现要考进班级前二十名才有可能上二本院校。因此，她们将考进班级前二十名作为大目标，而不是仅停留于努力学习的口号上。随后，她们将大目标拆分到每一次周考、月考中，并根据燕子的学习能力，确定了争取每周排名提升两名的细分小目标。

通过这样的细致规划，燕子不仅有了大目标，还将大目标分解成小目标落实到了每一周的考试中，既有时效性，能给燕子一定的压力，也更容易实现，不至于让燕子灰心丧气。

最后，为了确保周目标的完成，燕子还规定了自己每天晚上复习的科目、内容，并要求自己在睡觉前完成。

就这样，通过运用SMART目标制定法，燕子"考取二本院校"的目标就变得清晰而具体了。而在接下来的一年中，自律努力的燕子一直按照目标计划稳扎稳打地执行。最终，功夫不负有心人，在那一年的高考中，原本属于"学渣"的燕子，通过努力考取了理想的大学。

通过前文的学习，现在你学会SMART目标制定法的操作方法了吗？在养成自律习惯的过程中，不妨运用SMART目标制定法，尝试为自己制定一个切实可行的自律目标吧。

目标管理第二步：合理拆分目标

人性的弱点之一是往往还没尝试就开始给自己找各种理由逃避，尤其是当我们面对一个看起来复杂或者完成不了的目标时，这种弱点就会表现得更明显。从某种程度上说，一个看不到尽头的目标，往往让人心生绝望；而将一个长远的目标拆分成无数个切实可行的小目标后，则会让人觉得更容易实现，因此能坚持下去。

目标管理的第二步，正是学会拆分目标。

正如托尔斯泰所言，一个人"要有生活目标，一辈子的目标，一段时期的目标，一个阶段的目标，一年的目标，一个月的目标，一个星期的目标，一天的目标，一个小时的目标，一分钟的目标"，这样，他在每个阶段才会有方向。拆分目标有助于实现最终目标，因为这样做的时候，我们会在主观上形成"我目前的行为十分重要，做不到就无法实现目标"的认知，而且拆分后的目标难度较小，我们会更有信心地坚持下去，从而不放弃自律。

美国恐高症康复联席会会员汉姆的奶奶就是一个善于拆分目标的人。当时，汉姆成功攀登上了四百多米高的纽约帝国大厦，刷新了纪录，于是举办了一场庆祝宴会。他的奶奶听说此事后，立马徒步赶来参加庆功宴。

要知道，老人当时已经九十四岁了，她居住的城市距离举办庆功宴的城市有一百多公里。当听说奶奶独自一人徒步这么远赶来参加庆功宴后，大家都很惊讶。于是，记者们纷纷采访她说："您已经这么大年纪了，是怎么做到徒步一百公里的？"

奶奶笑着回答说："到了我这个岁数，腿脚不灵便，虽然无法像年轻人那样随随便便就能跑个几百米，但走一步还是很简单的。我每走一步就距离庆功宴近一步，就这样一步一步地坚持，我走完了这一百公里。"

诚然，徒步一百公里对许多年轻力壮的小伙子而言，都十分困难，更何况是这样一位年迈的老奶奶呢？但如果我们按照老人的方法，将一百公里拆分成无数个每一步，是不是看起来就没有那么困难了？

这便是目标拆分的魅力，它可以让一个看起来无法实现的目标，变得具体而容易。

这就像我们玩竞技游戏一样，许多游戏会分为"青铜""白银""铂金""钻石""王者"等多个等级，如果你还是"青铜"时就把自己的目标定为"王者"，看起来好像不容易实现。但如果你逐级制定目标,先将自己的目标定为"白银",接着是"铂金",然后是"钻石",最后是"王者",这样一步一步地去完成,是不是就觉得可行多了?

那么,目标拆分如何做才算合理呢?我认为,最适合普通人的目标拆分方法主要有两种:一种是按时间拆分,即把目标拆分到每一年、每一月、每一周、每一天,甚至每一小时中去;第二种是按难易程度进行拆分,即将一个大目标拆分成若干个小目标,然后再按照这些小目标的难易程度,对其进行排序,选择先难后易,或者先易后难。

当然,无论你如何拆分目标,最重要的一点是,一定要对目标进行量化。

比如,你的目标是坚持阅读,那么,在具体对目标进行拆分时,你就需要对"坚持阅读"这个目标进行量化,弄清楚自己一年究竟应该阅读多少本书,拆分到每月、每周阅读量又该是多少。

再比如,小雪是一名"剁手党",一天不买东西就心痒,可她每月到手的工资只有 6000 元,于是她准备改掉爱花钱的习惯,打算每个月存 2000 元钱。那么,在对这个"每个月存 2000 元钱"的目标进行拆分时,她就可以这样进行量化,如表 4-2 所示:

表4-2 小雪的花钱清单　　　　　　　　　　(单位:元)

生活费	房租	交通费用	水电燃气费	话费	存钱	剩余	每日可用
1000	800	200	200	100	2000	1700	56.6

这样量化后,小雪的存钱目标就变得清晰而具体了,即每天将零花钱控制在 56.6 元之内,就能每月存 2000 元。

总之,能够用数字量化的目标,实现起来才更容易。

目标管理第三步：建立正向的目标反馈机制

在实现目标的过程中，相信许多人都会遇到这样一个难题，那就是做着做着，就失去了动力、耐心和兴趣，感觉很难再坚持下去。这时候，你实际已经进入一个实现既定目标的瓶颈期。

如何才能避免瓶颈期的出现呢？当瓶颈期出现后，又该如何快速走出瓶颈期呢？一个切实有效的方法是建立正向的目标反馈机制。

这也是目标管理关键的第三步。

朋友笑笑曾和我分享了自己减肥的故事。

笑笑曾经因肥胖而被人嘲笑，于是她下定决心减肥。不过，她并没有要求自己立刻减掉二十斤，而是先确定了一个小目标——每个月减三斤。

每次实现月目标，她都会给自己一个小奖励，比如，一本书、一件新衣服、一顶帽子等。这样的正向反馈给予她极强的信心。于是，在减肥的过程中，她变得更加努力了。

就这样，仅仅半年后，笑笑就实现了自己的既定目标，从一个被人嘲笑的胖姑娘，变成了纤细苗条的瘦姑娘。

这便是正向目标反馈机制的重要性，这种反馈会增加我们的信心，让我们在实现目标的过程中更有动力继续坚持下去。

当然，所谓的正向反馈绝不是简单地满足欲望，而应该以让自己变得更好为出发点，合理地满足自己一部分欲望。比如，笑笑减肥实现月目标后，她会奖励自己运动手环这类能够帮助自己实现目标的奖品，而非大吃一顿，因为这对目标的完成没有一点好处。

以上分享了目标管理的三个步骤，你学会了吗？最后，我们用一个公式进行总结：

科学的目标管理＝高效制定目标＋合理拆分目标＋建立正向目标反馈机制

五、与其躺在床上后悔，不如现在就改变

别做拖着等死的寒号鸟

不知道大家是否听过寒号鸟的故事？

从前，有一只寒号鸟，在山崖上的一道缝隙中安了家。寒号鸟的邻居，是一只住在杨树上的喜鹊。

冬天快到了，山崖上的动物们都开始为过冬做准备。喜鹊也不例外，它每天早早出门，在外寻找枯枝、枯草，准备建造一个能够抵御寒冷的鸟巢。看见大家忙碌的身影，寒号鸟也意识到，应该筑巢为冬天做准备了。但是，它总是觉得时间还太早，总想着明天再说，迟迟不肯行动。

眼看冬天越来越近，喜鹊见寒号鸟丝毫没有筑巢的打算，便劝告它说："冬天快来了，现在不筑巢，恐怕过不了冬啊，先别玩了，赶紧筑巢吧！"

寒号鸟一边晒着太阳，一边懒洋洋地回答："今天阳光正好，不晒简直可惜，过几天我再筑巢吧。"

结果，这一拖延就到了冬天，寒号鸟依旧没有筑巢。

到了晚上，寒风呼啸，寒号鸟站在山缝中，冻得浑身发抖，嘴里还说着："太冷了，太冷了！我明天天亮就筑巢。"而喜鹊却住在温暖的巢里，安稳地睡着了。

第二天，太阳升起来了，阳光温暖了寒号鸟冻僵的身体。此时，喜鹊出门，继续劝寒号鸟筑巢。寒号鸟却说要先休息一下，它抖了抖羽毛，便在阳光下呼呼大睡起来。

转眼间，到了深冬时节，大雪覆盖了整个山崖，山间的风更加凛冽了，

可寒号鸟依旧没有筑巢。夜晚，下起了鹅毛大雪，寒号鸟待在山缝里冷得不知所措，哀呼着"明天一定要筑巢"。

太阳又一次升起。然而，这次喜鹊再也没能等到自己的邻居出来晒太阳——寒号鸟已经被活活冻死了。

在现实生活中，你是否也曾遇到过这样的情况：总想做某件事，也知道这件事非常重要、非常紧迫，却总是控制不住自己，老想着"缓一缓"再做，结果这一"缓"就无限期地缓了下去，最终事情以失败告终？这便是拖延的典型表现。

正所谓"明日复明日，明日何其多"，或许，在我们每个人心里，都住着一只拖延的寒号鸟，由于各种原因，总是不愿迈出行动的关键第一步。如果我们不能战胜拖延心理，赶走内心深处的"寒号鸟"，那么，我们的结局，很可能便如寒号鸟一样，被动等"死"。

拖延的最主要原因——懒

那么，造成拖延、光嘴上说说不落实到行动上的主要原因是什么呢？

一个字——懒！懒得做出改变，懒得迈开脚步，懒得承担由开始行动带来的辛苦和压力。

想必每个人过去都曾偷过懒。比如：上中学时懒得思考，抄其他同学的作业；上大学时懒得离开被窝，逃课睡觉；上班时懒得运动，整天坐在工位上，唯一的运动就是去洗手间……

懒惰是自律的绊脚石，正是因为有了它的存在，我们才总是一拖再拖，无法将自律的想法落实到行动上。

电影《断头王后》中有这样一句台词,让我记忆尤为深刻:"那时候还太年轻,不知道所有命运赠送的礼物,早已在暗中标好了价格。"从某种程度而言,偷懒又何尝不是?你所有因为懒而享受到的乐趣,早已经标好了价格,只等时机一到,就会借由生活之手讨要回去。

上学偷懒,会失去上好大学的机会;运动偷懒,会失去健康的体魄;工作偷懒,会失去晋升的资格……每一次偷懒,都要付出相应的代价。

经常有家长这样教导自己的孩子:现在如果吃不了学习的苦,长大后就要吃更多的苦。"少壮不努力,老大徒伤悲"也是同理。小时候,我们只顾玩乐,长大后就没有时间和精力玩乐;现在玩乐,老了以后就没有快乐的退休生活。这就是偷懒的代价。

《奇葩说》的第三季也做过一个关于"懒惰"的辩题。其中有一个观点让我印象深刻:懒惰固然是人的天性,我们应该承认,但不要以此为傲。你想做却没有行动,就是因为懒惰。

我很赞同这个观点。在惰性的驱使下,我们总是喜欢做一些简单、快乐的事情,而那些做起来十分困难的事,则能拖就拖,最后在迫不得已的情况下,才心不甘情不愿地做了,没有用心的结果可想而知。

比如,写论文,明明每天写一点就能准时上交,却硬要熬到最后两天才开始动笔,最后匆匆忙忙写完,还要修改许多遍。

再比如,你想学围棋,兴冲冲地买了棋子、棋盘和棋谱,结果才学了一些皮毛,就让它们落灰去了……

虽然懒惰是人类的天性,但人类却一直在反抗这种天性。在上古时期,世界上只有两种人,一种是摘下果子立马吃掉的人,他们生活得很快乐;另一种是留下果子的种子,痛苦地种地的人,相比之下,他们活得更累。

前者最后因为适应不了环境而消失，后者却活了下来。

由此可见，懒惰虽然是我们的天性，却也是阻碍我们进步的关键。我们可以承认自己的懒惰，但决不能以懒惰为傲，更不能放任自己懒下去。当你戒掉懒惰心理，改掉拖延的习惯，立马开始行动时，你会发现，你的人生也开始变得不同了。毕竟，有行动才有结果，开始做永远比拖着不做更明智。

开始做比做多少重要

每天晚上入睡前，你是会因为后悔而辗转反侧，还是会因为无悔而心满意足地入睡？

我曾经的员工梅梅就属于前者。

在一次聊天中，梅梅告诉我，她每天晚上都会因为后悔而失眠。比如：后悔今天没能早起吃早餐，后悔昨天晚上的设想都没有落实，后悔今天又没抓紧时间完成任务，后悔没有及时拒绝他人的无理要求……

总之，对一天之中发生的事情，她统统感到后悔。通常，后悔完，她还会立马开始计划第二天的事情，并立志要严格按照计划行事，然后，抱着对明天的美好幻想，进入梦乡。

然而，一觉还没睡醒，前一晚信誓旦旦做出的计划，就已经化为泡影——闹铃响后，她心里想，再睡十分钟就起来。结果，十分钟过后，她依然不肯起来，直到拖得快要迟到了，才匆匆起床洗漱，乘车上班。自己期待的朝气蓬勃的早晨也没有到来。

于是，第二天晚上，她又开始后悔。

……………

就这样，她好像陷入了泥沼，想挣扎着脱身，结果却越陷越深。

听完梅梅的讲述，我感到十分惊讶。我不明白的是，为什么她每晚能忍受后悔的煎熬，却不愿意改掉拖拉的习惯，立马采取行动。

事实上，在现实生活中，梅梅的故事绝不是个例。回想一下，日常生活中，你是否也有类似的表现：觉得时间还早，先玩会儿再做；决定静下心来做事，先去冲杯咖啡；每次开工都要整点开始，却迟迟不动手；总在等出现好时机或者有好心情时才去做重要的事；计划用一个月做件事，实际上最后三天才熬夜弄完……

这样的你，实际也是"拖延症患者"中的一员。

中国社科院的一项调查显示，中国有 80% 的大学生和 86% 的职场人都患有拖延症，50% 的人不到最后一刻决不开始工作，13% 的人没有人催就不能完成工作。

耐克有句著名的广告语：Yesterday you said tomorrow。这和我们经常提到的"明日复明日"有异曲同工之妙。诚然，在如今这个竞争越来越激烈、内卷越来越严重的时代，如果我们总是把明天当理由、用未来做借口；如果我们只会空想，不肯行动，那么，总有一天，我们会被时代的洪流远远地冲走。

那么，如何才能摆脱拖延呢？

答案很简单：立马开始，别想太多。

要知道，开始做永远比做多少更重要。如果做不到立马行动，如果改不掉拖延陋习，那么，即便计划做得再好、再详细，也永远只是一纸空谈，没有任何意义。

六、掌控时间格局，每一分钟都让自己增值

好的时间管理是成功的重要前提

毕业后每次参加同学聚会，我都会发现，同学之间的差距越来越大。通过聊天交流，我发现，造成这种差距的原因正是时间管理。通常，越成功的人越会管理时间，不会将太多时间花费在单纯的娱乐上；反过来，越是平庸的人越不懂得管理时间，总是在无谓的小事上白白浪费时间。

时间管理是成功的最关键因素之一，这一点毋庸置疑。不妨想想，当别人早上 6 点钟起床读书时，你还在呼呼大睡；当别人晚上回家学习时，你玩王者荣耀正在兴头上……别人本身优秀，又比你更努力，在这种情况下，你如何拼得过别人呢？

日本经营之神稻盛和夫曾说，要付出不亚于任何人的努力。这其中的努力，就包括工作的时长。

我们一起看看商界大佬们的作息时间：百度公司的李彦宏每天坚持 5 点起床；腾讯公司的马化腾凌晨 2 点还在回复邮件。国外的商界大佬也不例外：苹果公司的 CEO 库克，每天坚持凌晨 3 点 45 分起床，5 点健身，每天第一个到公司，最后一个离开；特斯拉公司的埃隆·马斯克每天工作十几个小时。

在各行各业内卷越来越严重的当下，每个人都不得不参与到越来越激烈的竞争之中。而要想在竞争中脱颖而出，要想抓住更多的机会，取得更好的成绩，变得更优秀，就必须做好时间管理。这是因为，时间对每个人而言都是免费的、公平的。在相同的时间内，我们比拼的，正是谁能将时

间利用好、管理好，谁能够做到守时而为、高效工作。

可见，优秀的时间管理是成功的基础，也是自律的本质。如果我们能掌控时间格局，合理规划自己的每一分钟，我们就有可能实现人生价值的增值。

时间管理也需要讲究方法

毋庸置疑，时间管理至关重要。但是，做好时间管理，也要讲究方法。错误的、不科学的时间管理方式，不仅不会提高我们的效率，还可能会适得其反。

前段时间，办公室 95 后的姑娘小 M 仿照浙江大学建筑系某学生的时间安排表，给自己做了一张时间规划表。在这张表中，小 M 详细罗列了自己从周一到周日、从早上 6 点到晚上 11 点的时间规划。做完规划后，她郑重其事地将时间规划表张贴在了自己的办公桌上。当时，有别的同事打趣她说："小 M，你这张表也规划得太细了，连吃饭、上厕所都要按时进行啊？"

面对同事的打趣，小 M 却一本正经地回答："就是要严格要求自己啊，不然怎么掌控自己的时间呢？"

听了他们的对话，坐在办公室里的我笑着摇了摇头。尽管我不知道小 M 对执行这份计划究竟抱有多大的决心，但我料到，小 M 应该坚持不了太久。

果不其然，被我猜中了。

我注意到，第一天，小 M 似乎顺利完成了时间表上的全部内容，所以那一天，她也显得很兴奋，走路都哼着歌。第二天，小 M 依旧神采奕奕，第三天依然如此。可是到了第四天、第五天的时候，小 M 的头耷拉下来了，整个人开始变得焦躁、憔悴。等过完周末再来上班的时候，我注意到，小 M 悄悄撕掉了那张贴上去还没有多久的时间规划表。

"小 M，怎么撕掉了？"有同事悄悄问道。

"唉，别提了，根本坚持不下来。"小 M 一边说，一边随手将手中的时间规划表揉成一团，扔到了脚边的垃圾桶里。

小 M 的时间规划表明明做得很精细，为什么无法执行呢？

根本原因在于这份时间规划表做得太过精细了，忽视了人性，将人当成了机器。要知道，人天生就有惰性，如果长期处于这样一个高度紧张的时间管理氛围中，人就像绷紧的橡皮筋，总有绷断的那一刻。

因此，我们在进行时间管理时，要将人放在第一位。人有七情六欲，不是机器，如果为了管理时间，将自己逼成一个"机器人"，那就得不偿失了。

当然，这并不意味着小 M 使用的时间管理方法是无效的，只能说这种方法不适合像小 M 以及我们这样的普通人。

如果一个人有很强的意志力，能够摆脱负面情绪的影响，还具备较强的专注力，抗干扰的能力也较强，并且能够以平常心完成时间规划表上的每一项任务，那么这种方法就很适合他。因为他本身很自律，时间规划表只是一个记录的工具罢了。

对普通人而言，这张时间规划表只是催促自己做事的工具，如果这个人本身就不自律，那么他迟早会在这种赶鸭子上架式的"被自律"中崩溃，变得失去信心、更加不自律。

由此可见，要实现自律，也要选择适合自己的时间管理方法。

成功人士的时间管理方法

为了方便学习，我对成功人士的二十六个时间管理方法进行了筛选与整合。

1. 每天只计划四到五小时的工作

时间管理的目的之一就是提高效率。而衡量效率高低的指标不是时间的长短，而是在一定时间内创造的产出。这一条我们可以结合"二八定律"来看，即在思路最清晰、精力最好的时间段，花费20%的时间，创造80%的业绩。这就是每天只计划一小部分工作时间的目的。

2. "工作—放松—工作"等于高效工作

在学校里，老师常说，不会休息的人就是不会学习的人，当你学习不在状态时，效率会变低。此时休息，不仅能够恢复精力，还能平复因效率低下而带来的负面情绪。

3. 保持专注，一心一用

你在和客户交谈时，能同时与同事交接工作吗？自然不行。如果你做事不专心，那么很容易产生错误，轻则是工作失误，重则会给公司造成一定损失。

4. 按重要性工作，提高效率

当你同时接手两项任务时，为了避免发生错误，你就可以根据任务的重要性，选择优先完成重要的那一个。

5. 做完事情，要胜过完美收工

"金无足赤，人无完人。"世界上没有完美的事物。如果在工作中过分追求完美，比如，反复修改一个并不重要的文件，这会造成时间的浪费，导致工作效率低下。

6. 给所有事情设定一个期限

不自律的人在面对没有时间限制的任务时，会一拖再拖，也许拖来拖去最终就没有做的必要了。比如，一所培训机构是 6 月招生，7 月上课。如果投放广告的任务没有时间限制，拖到 7 月再发，就已经没有意义了。因此，设置时间期限是必要的。

以上就是成功人士的部分时间管理方法，十分适合普通人使用。

三种有效的时间管理方法

成功人士的时间管理方法虽然多，但都是碎片化的，为了让大家学习其中的精髓，我将其概括成下面这三种时间管理法："三只青蛙法""番茄工作法"和时间管理矩阵法。

1. "三只青蛙法"

"三只青蛙法"最早是由美国著名演说家、教育家博恩·崔西提出的。其主要内容就是将每天的事情列出一个清单，然后找出对自己而言最重要的三件事，随后集中精力去完成它们。最后再处理细碎的事，从而提升效率，达到事半功倍的效果。

当然这三件事的完成顺序，也要根据优先级来安排，将这三件事再次分为很重要、较为重要和一般重要三个等级，然后优先完成重要等级最高的事情。

"三只青蛙法"的优势明显，可以让人对一天需要做的事有一个全面的认识，还能找出最重要的事率先完成，将更多的精力花费在更重要的事情上。

除此之外，这一方法还能增强人的自信心。一般而言，这三件事都比较重要，难度相对较大，如果一天内能同时完成这三件事，你就会产生成就感和自豪感，从而信心大增。

2. "番茄工作法"

"番茄工作法"因其简单易行而成为当今社会运用得更为广泛的时间管理方法。这种方法最早是由意大利人弗朗西斯科提出的。他在上大学时经常为自己的学习效率低下而感到苦恼。有一天他拿出厨房中一个长得像番茄的计时器，规定自己的时间安排是"工作—休息—工作"，高效学习一段时间后，短暂休息一下，继续学习，做到劳逸结合，提高效率。

目前，"番茄工作法"的含义就是"高效工作+放松+继续高效工作"。至于工作的时间和休息的时间，每个人都可以根据自己的习惯和需求自行设定。但一般情况下，大家都将高效工作的时间设置为二十五分钟。

人在工作时，不可能时刻保持好的状态。使用此方法可以让人在状态不好时，有目的地放松，调整状态，从而提高工作效率。

使用"番茄工作法"主要分为四个阶段。首先是预估时间，估算完成一件事需要多长时间。然后是在行动时记录时间，看看完成这件事花了多长时间。随后需要将自己的实际所用时间和预估时间进行对照。最后分析两组数据的差异，找出形成差异的原因，并制订相应的解决计划。

3. 时间管理矩阵法

最后一个方法是时间管理矩阵法，它是由美国的史蒂芬·柯维博士最早提出来的。通过这一方法，将我们需要做的事情划分到重要紧急、重要不紧急、紧急不重要、不紧急不重要四个领域中。根据优先法则，我们每天都需要优先完成重要紧急的任务。将难题解决之后，其他的简单题目也会迎刃而解。这与"番茄工作法"的本质相同，只不过与之相比更为细致。

其实，无论是"三只青蛙法""番茄工作法"，还是时间管理矩阵法，其本质都是为了让我们从琐碎繁杂的事情中解脱出来，让我们能获得更高层次的情绪反馈，不被杂事磨平棱角。我们可以根据自己的需要，选择最适合自己的时间管理方法。

PART 5
真正开始高度自律的五个迹象

人生最幸运的事情，莫过于在这纷扰的世间，保持一个纯粹的真我。当你决定踏上自律之路、开启自律之行时，你会发现，一切开始变得不同。那么，不如从此刻起，做一个自律的人，受得了寂寞，经得起诱惑，受得了挫折，习惯于平淡。

一、拿走诱惑，选择断舍离

你不是缺乏自律的决心，而是被诱惑堵住了自律的路

前段时间，我参加了一个演讲培训班。

一同参加培训的，有一个刚毕业的女孩。这个女孩话不多，总是斯斯文文地坐在教室的后排，看起来很普通。一天，培训班进行了一次即兴演讲训练，现场抽题目，现场表述观点，所有人都要参与。轮到女孩时，练习已经接近尾声。彼时，由于已经听了前面许多同学的发言，大家新鲜感已过，兴奋的神经似乎很难再被调动起来，因此，上台的人表述完，掌声也变得稀稀拉拉。

没想到，轮到女孩时，情况却为之一变——她刚开口说了几句，许多人就和我一样有了眼前一亮的感觉。

起先，我以为这位看上去平凡、普通的女孩是个"青铜"，对她的发言并未抱太多期望。谁承想，她竟是个"王者"，不仅观念很新颖、见解很独特，而且语言也很有深度，引经据典，信手拈来，一看就知道她饱读诗书，有些鞭辟入里的分析，明显有着超越年龄的成熟。

这次发言，让我对女孩刮目相看，当然，有着类似感受的远不只我一人。那天课中休息时，女孩被周围的同学围住了，罕见地成为人群的"中心"，大家纷纷对她伸出了大拇指，并让她分享自己是如何做到引经据典、出口成章的。女孩还是如同往常一般腼腆，只笑着回答了三个字——多读书。

有个性格爽朗的同学嘟囔道："唉，多读书确实好，可我就是读不进去，怎么办呢？一翻开书，还没看几页，就忍不住去看手机、刷抖音、玩微信了，根本停不下来。就算放下了手机，也还有电视；关掉电视，还有各种聚会……想静下心来看书真难啊！"

话音刚落，旁边的人也纷纷附和，这位同学的话显然戳到了大家的痛处，引起了大家的共鸣。这时候，女孩开口了："因为你给自己的诱惑太多了呀！"

那天，女孩分享了自己的经验。

大学毕业后，她进入一家不错的国企工作。由于年纪轻、资历浅，加上非科班出身，女孩渐渐感觉到自己和同事之间的差距。于是，她决定多看书、多学习，努力提升自己。起初，她的效率并不高，每次坐到书桌前，刚翻开书本，注意力就转移了，不是想玩手机，就是想起身去喝水、吃水果、做其他杂七杂八的事情。有时候，同事、朋友一个电话打来，她就迫不及待地丢下书，跑出去和大家一起逛街、吃饭。

既没有学好，也没有玩好，还白白浪费了宝贵的时间，这样的状态，让女孩很不满意。后来，在认真分析了导致自己无法专心看书、学习的原因后，她决定做出改变，远离那些阻碍自己专心学习的诱惑。

她首先卸载了手机里的一些娱乐软件，比如抖音、微博、爱奇艺等。然后，她又认真给自己做了一份时间规划，规定在看书学习的时间段，不能随意做其他事情，比如玩手机、吃水果等。最后，她还给闺密、朋友纷纷打了"预防针"，告诉他们在一些固定的时间段，聚会之类的活动自己统统不参加。

让女孩没想到的是，做出了这些看似"死板"的决定后，再看书、学习时，她的状态完全发生了改变，不仅心静了，效率也得到了大幅度提高。

这段经历让女孩感触颇深，也是从那时候起，她开始明白：原来，许多时候，我们之所以不自律，并不是缺乏自律的决心，而是被身边那些无处不在的诱惑堵住了自律的路。

真正的自律，始于把自己从诱惑的黑洞中抽离出来

一个人要真正开始自律，首先要学会断舍离，让自己远离种种诱惑，把所有的时间和精力投入该做、要做的事情上。

一百多年前，年轻的作家梭罗曾做出一个令许多人无法理解的决定——他抛弃了当时自己所拥有的一切，孤身来到瓦尔登湖边的森林，建造了一座简陋的小木屋，开始了一段原始简朴的隐居生活。

为什么要这样做呢？在著作《瓦尔登湖》中，梭罗给出了答案："我隐居林中，因为我希望活得从容，只和生活中最本质的东西周旋。"

梭罗笔下的"只和生活中最本质的东西周旋"，实际就是指远离世俗的诱惑，选择断舍离，用更多宝贵的时间来做最应该做的事情。

不知道你是否也有类似的感觉，当你想专注于某件事情或者想认真完成某个目标时，你会发现周围有许多充满诱惑的其他选择。比如：躺在沙发上舒服地追剧；吹着空调，连着 Wi-Fi，啃着西瓜，悠闲地刷手机；和朋友逛街、聚会、在美食小店里大快朵颐……这些远比看书、学习、运动、工作等真正需要做的事情更轻松、更舒适、更快乐，犹如一个个深不见底的黑洞，很容易让我们深陷其中。

殊不知，人的时间和精力是极其有限的：当我们选择了"葛优躺"，就意味着要放弃看书、学习；当我们选择了"Wi-Fi、空调、西瓜"，就意味着要放弃运动、健身；当我们选择了聚会、逛街，就意味着要放弃独处、沉思……最终，由于无法抵制诱惑，做不到断舍离，我们只好在自律、自强的道路上败下阵来，任曾经的豪情壮志、豪言壮语消散得无影无踪。

诚然，化繁为简方得内心淡然，自律的基本前提，正是断舍离。把自己从诱惑的黑洞中抽离出来，在自己和充满诱惑力的其他选择之间设置一道密不透风的围墙，不让过多的杂事扰乱自己的本心，把所有的时间和全部的精力投入该做、要做的事情上。

几年前，我在看《我是歌手》时，有一个片段让我印象尤为深刻：一同参加节目的李荣浩找到李健交换手机号码，没想到，在这个智能手机不断更新换代的时代，李健用的竟然是最老款的诺基亚手机。更让人意外的是，李健表示自己从来不用微信，别人找他都是打电话或者发短信。

当时，面对众人的诧异，李健给出了这样的解释："作为一名创作型歌手，这是让我保持专注的最好的办法。"

从某种程度上说，当我们将自己的注意力从该做、想做、正在做的事情上转移；当我们抵制不了诱惑，将有限的时间、精力用在了毫无意义的事情上；当我们做任何事情，都不能形成有效闭环，而是不断在细碎的事情上消耗时间，那么，我们就是选择了浪费时间和生命，在背离自律的道路上越走越远。

二、管理精力，让自己时刻充满干劲

每天那么累，还怎么自律？

你有没有思考过这样一个问题：许多时候，我们信誓旦旦、豪情万丈定下的目标，最后之所以半途而废、以失败收场，除了时间、意志力的原因，还有一个更为关键且常被忽略的因素——精力？

同事小何原本是个身材苗条的姑娘。由于酷爱美食，不喜运动，这些年，她以肉眼可见的速度"肿"了起来，尤其是生完孩子后，小何更是在发胖的路上头也不回地走了下去。

身材的"富态"，也给小何的身体带来了健康隐患。去年，公司组织体检，小何好几项指标都不达标，医生郑重地建议她控制饮食、加强锻炼。面对医生的建议，小何自是不敢怠慢，第二天就跑到小区门口的健身房办了一张健身卡，信誓旦旦地要健身减肥。

然而，战斗的"号角"刚刚吹响，她就偃旗息鼓了。那张健身卡舒舒服服地躺在小何的钱包里，几乎没有使用过。

谈及自己失败的健身计划，小何把原因归结为四个字——无暇顾及。每天上班已经很累了，回到家还要带孩子、做家务……小何说："这一番折腾下来，自己已经筋疲力尽了，连走出大门的力气都没有，哪还有多余的时间、多余的精力出门健身？"

小何的自律困扰，显然并非个例。

前段时间，我和一位朋友约好，一起报了一个瑜伽班。原本，我们计划在周末的晚上去试课，可是约定的时间还没到，朋友就发来信息，抱怨

139

下午因为工作的事情和丈夫大吵了一架，此时浑身没劲，感觉像是经历了一场浩劫，整个人都被掏空了，实在没精力去练瑜伽了。

后来，我们又约了几次，或许是巧合，几乎每一次都碰到朋友有事，无法腾出时间和精力。比如，上午刚参加完公司的运动会，浑身没劲，去不了；前一天晚上加班到深夜，头痛乏力、浑身没劲，只好作罢。

就这样，朋友原有的瑜伽计划也就泡汤了，而我却坚持了下来。

在小何和朋友的身上，你是不是也看到了自己的影子？诚然，许多时候，我们明明想做某件事情，明明制订了周详的计划，可是真正到了实施阶段，却感觉精力不足、浑身疲惫、没有气力，只好放弃。

记得许久之前，我曾在知乎上看到这样一个经典问题：下班后，你是立马回家，还是习惯性地先在车里坐一坐？

出乎意料地，大多数的跟帖者都选择了后者。在谈及具体原因时，大家也都给出了五花八门的答案：有人感叹人到中年，压力巨大；有人觉得生活太难，迷茫焦虑……这些答案用一个字总结就是——"累"。

应该说，在如今这个节奏飞快、压力巨大的时代，感觉累、感觉疲惫、感觉精力不足，已经成为许多人的常态。而这种"累"、这种"疲惫"、这种精力不足，也正成为阻碍我们自律的绊脚石。

为什么优秀的人总是精力旺盛？

最近在网上读到这样一句话，颇有感触：人这一辈子，五岁前拼爹，十五岁后拼努力，二十五岁后拼身体。

想想的确如此。看看办公室里那些刚刚走出象牙塔的大学生，是不是每天精力十足，做什么都活力满满？再反观我们自己，晚上睡得稍微晚一点，第二天就精力不济，一天的精神全靠咖啡维持；记忆力变差，明明刚刚做过的事情，转身就忘记；注意力无法集中，稍微打个岔，手头的工作就停下了，效率越来越低……

以我为例，随着年龄的增长，我感觉自己的精力越来越不够用，越来越容易疲惫。以前深夜加班是家常便饭，第二天起床，照样活力满满；现在稍微睡得晚一点，第二天便头痛乏力、浑身没劲；以前决定好了要做一件事情，总是打了鸡血一般立即行动，现在想到要做某件事情，常常会感慨精力不足。更严重的是，有时候即便什么也不做，一天下来，也会感觉筋疲力尽。由于精力实在跟不上，许多原本计划要做的事情，也就搁浅了，最后在背离自律的道路上越走越远。

这样的状态，也引发了我的深思：难道随着年龄的增长，想要自律，想要认真做点事情，真的会越来越难吗？

答案显然是否定的。

回想一下，在你身边，是不是也有那么一两个人：他们比我们更忙、更累、需要处理更多的事情，但看起来却比我们更精力充沛；他们从不焦虑、疲惫，似乎每天都有用不完的精力，一动起来，就浑身充满了干劲；他们做什么都毫不费力，别人做起来很难的事情，在他们那儿却变得格外简单，不仅能几分钟搞定，还能保质保量……

一次我在参加女性企业家培训时认识的一位企业家朋友，她就属于这类人。

这位朋友既是一位创业者，也是两个孩子的妈妈。前两年，乘着互联网的东风，她转行做起了直播。这意味着，每天除了管理上百人的公司、照顾两个活泼可爱的孩子，她还需要至少直播五个小时。按道理，她的工作非常忙、时间安排得非常紧，理应腾不出多余的精力做其他的事情。

可是事实恰恰相反。在每周工作七十个小时、每月工作二十八天的情况下，注重个人提升的她，坚持报了 MBA 课程；关注精神世界的她，两年读了两百多本书，写了一百多篇读书笔记；注重身材管理的她，每天都会抽出专门的时间运动健身……不仅如此，她还开设了自己的微信公众号和抖音号，专门分享育儿知识与育儿经验。

三十多岁的她，在许多人眼里似乎已经到了开始走下坡路的年纪，可是她却始终活得如二十几岁般元气爆棚，自信满满，无论多忙，都能轻松应对，毫无压力。

起初，我也很好奇：工作繁忙、事务繁多的她，究竟是如何让自己永远保持精力充沛的？直到后来，随着我和她接触的次数越来越多、对她了解得越来越深，我才发现，她保持精力旺盛的秘诀，正是精力管理。

不仅是这位朋友，如果我们认真观察，就会发现，其实在现实生活中，那些超级自律、卓越优秀的人，精力都超级旺盛：苹果公司前 CEO 乔布斯，每天早上 6 点多起床；著名投资人杰夫·乔丹，早上 5 点到办公室；国士钟南山，八十多岁了还能进行大量研究，坚持锻炼身体……

正如管理大师彼得·德鲁克所说："不能管理精力，便什么也不能管理。"精力管理，正是普通人应该学习的。

精力管理的四个维度

从某种程度而言，决定我们成就大小的，往往不是背景，不是努力，而是能变现的精力。如果精力管理能力差，精力跟不上，即便做再多努力，也无济于事。或许这个道理大多数人都知道，只是一谈到如何管理精力，许多人并不了解。

"精力管理"一词，最早是由美国心理学家吉姆·洛尔提出的，他认为，精力就是做事情的能力。一个人想在紧张的工作中达到全情投入的状态，与其管理时间，不如管理精力。在畅销书《精力管理》中，吉姆·洛尔还将人的精力分为体能精力、情感精力、思维精力和精神精力四个维度（如图5-1所示）。在他看来，一个人要想做好精力管理，全身心地投入工作，活跃的身体、联动的情感、集中的思维和超出个人短期利益的意志高度缺一不可。

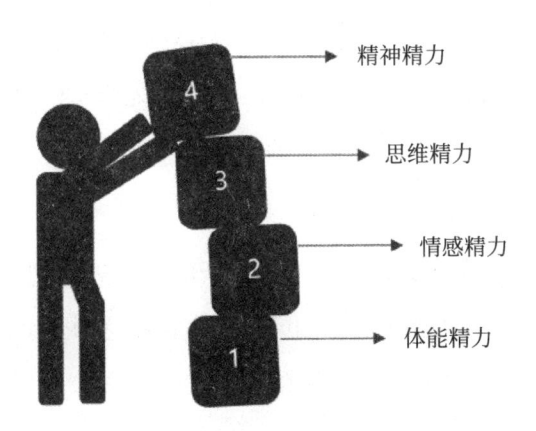

图5-1 精力管理的四个维度

1. 精力管理的第一个维度——体能精力

体能精力是指一个人在身体层面的精力，它也是大多数人对精力最直接的认知。在现实生活中，当某个人提到自己"精力不够"时，大多数人的第一反应往往是这个人的身体很累。

体能精力的重要性是不言而喻的。现代医学发现，体能好，尤其是心肺功能特别好的人，大脑的供血、供氧、供糖都会更好。相应地，其大脑的工作效率也更高，不容易感觉到疲惫。这意味着，体能是精力充沛的基础，如果说汽车在公路上正常行驶离不开良好的车况，那么作为人类的我们，要想高效率地工作，就离不开良好的体能。

用一个更形象的比喻来形容，体能就好比是我们的"生命燃料"，如果"生命燃料"充足，那么，我们的生命就能燃烧得足够旺盛；反之，一旦"生命燃料"枯竭，那么，我们的精力也就被耗尽了。

这也是世界上培养出世界五百强 CEO 最多的学校，不是哈佛、耶鲁等名校，而是西点军校的关键原因。因为相比其他学校，西点军校更注重对学生体能的训练。

当然，提升体能精力的方法也很简单，可以用四个字概括：加强锻炼。除此之外，调整饮食习惯、尽量早睡早起、注重劳逸结合等，对于提升体能精力也都具有积极意义。

2. 精力管理的第二个维度——情感精力

情感精力是一个人在情感层面的精力，提到这四个字，许多人或许会产生这样的疑问：情感和精力，还能产生联系？

是的，情感和精力，不仅能够产生联系，而且联系密切。回想一下，当你刚刚经历情感波动后，你会有怎样的感觉？比如，当你见到了久违的朋友，或者尝试了某件一直想尝试的事情，你是不是会感觉很开心，做什么都干劲十足？反过来，当你因为堵车而迟到，或者无缘无故遭遇了上司的批评，你是不是会感觉很沮丧、做什么都提不起精神来？

现代心理学研究发现，情绪对人的记忆力、认知力和决策力，都有很大的影响。从某种程度而言，我们每个人的情感，其实都如同我们的肌肉一般，当它长期处于紧绷状态时，就会明显感到疲惫。反过来，如果我们能够一直让这块"肌肉"处于放松的状态，那么，我们整个人也会跟着放松下来。一个常见的现象是，在现实生活中，一个人产出最高、创造力最强、效率最高的时候，往往是其身心放松、情绪高昂的时候。

那么，如何才能提升情感精力呢？

最简单的方式就是时刻保持乐观的心态，尽量避免接触负能量爆棚的人。除此之外，多结交正能量的朋友，多进行有深度的思想交流，多做一些让自己感觉愉悦的事情，都是提升情感精力的不错选择。

3. 精力管理的第三个维度——思维精力

思维精力是一个人在脑力层面的能力。

说到这里，你不妨认真回想一下：做一件事情时，你是注意力集中，还是喜欢分心？你的做事方法是创造性的，还是机械性的？你的逻辑是清晰有条理，还是混乱无序，想到哪里便做到哪里？通常，你会做出怎样的选择，都是由你的思维决定的。

并且，同一件事，当你做出不同的选择时，结果也一定不同：如果你在做事时是精力集中、极具创造性、逻辑清晰的，那么，你的做事效率也相对较高；反之，如果你在做事情时总是分心、机械、混乱无序，那么，你的做事效率也一定很低。

应该说，由于思维影响着我们的专注力、创造力和想象力，从某种程度而言，我们的思维正是影响我们精力的关键。而要提升我们的思维精力，最好的方式就是学会放松、懂得规划。

4. 精力管理的第四个维度——精神精力

精神精力也被称为意志精力，它是一个人在精神层面的精力。

我们都知道，意义感是人活着的最高追求，是驱动我们做事的底层逻辑。在现实生活中，人一旦找到了做某件事情的意义和价值，那么，在具体付诸行动时，就会变得积极主动、自觉高效。反过来，如果我们感觉做某件事情没有意义、没有价值，那么，在做的过程中，我们的动力就会明显减弱。

从这个角度而言，意志精力是精力的最高层次，也是精力的最终源泉。

要想拥有更充沛的意志精力，最好的方式是陶冶自己的情操，提高自己的内在修养。比如，阅读一本好书，看一场有意义的电影，听一场精彩的演讲，等等。这些方式能帮助我们获得宝贵的精神财富，对提升我们的意志精力有很大的帮助。

以上介绍了精力管理的四个维度，如果我们把精力管理看作一辆汽车，那么，体能精力就是这辆汽车的发动机，情感精力是这辆汽车的火花塞，思维精力是这辆汽车的轮胎，精神精力则相当于这辆汽车的方向盘。这四者之间，相互影响、相互作用，共同构成了我们的精力系统。

最后，我们用一个公式来总结：

好的精力 = 充沛的体能 + 积极正面的情绪 + 清晰的思维 + 明确的意义感或使命感

三、避免内耗，不在无谓的人和事上耗费心力

避免情感内耗，从不良情绪中抽离

前段时间，朋友的公司要做一本漫画宣传册，急需寻找一位经验丰富的漫画师。于是，我将相熟的漫画作者小亚推荐给了她。几年前，我曾和小亚有过数次合作，热情又踏实肯干的她，给我留下了非常深刻的印象。尽管如今没有业务往来，但我们依然保持着朋友关系。

原本，我以为把小亚介绍给朋友，是牵了一根线，做了件对她们双方都有利的事情。没想到，一个月后，朋友却怒气冲冲地打电话来，请我帮忙联系一下小亚，看看为什么这么久还未交稿。一问我才知道，原本一个星期就可以做完的活，小亚竟然做了一个月还没完成。不仅如此，当朋友联系她时，她已经不回信息了。

说到最后，朋友几乎是带着苦笑告诉我，如果小亚实在完不成，她必须立即找其他合作对象。因为时间紧、任务重，已经耽误了进度，要不是看在我的面子上，她就直接换人了。

接完朋友的电话，我意识到了问题的严重性。只是我想不通，一向靠谱的小亚，为何会做出如此不靠谱的事情！我赶紧给小亚打了一个电话，这才了解了事情的原委。

原来，最初接到任务后，小亚信心十足。当时，她手里还有一点未完成的工作，就想着等做完手头的事情再加紧赶一赶。没想到，刚完成手头的事情，正准备着手画漫画时，小亚就得了重感冒，发着高烧、头痛欲裂的她，自然是没法工作了。等这场感冒好了，距离交稿日期只剩下五天。

这时候，小亚有点急了，她知道，要在五天内完成漫画任务，时间非常紧迫，几乎不可能。她认真计划了自己每天的工作任务，然后开始加班加点。只是，由于任务量太大，小亚几乎每天都没法按计划完成。随着交稿日期的临近，朋友也发来了信息追问画稿的完成情况。

此时，小亚的心理防线也开始崩溃了。她每天坐在电脑前，明明知道自己的任务很重，必须马上进入工作状态，可是内心的焦虑和巨大的压力让她始终无法静下心来。最后，到了交稿日期，小亚才刚刚完成三分之一的任务。

越是完不成任务，越是着急；越是着急，压力越大；压力越大，越无法静下心来创作。那时候，小亚几乎陷入了恶性循环，她每天坐在办公桌前，却根本静不下心来工作。无法按时交稿的愧疚、画不下去的焦虑，同时自觉愧对于我的信任和推荐，各种情绪交织在一起，变成了一张巨大的灰色的网，笼罩在她身上。

在拖稿后，一开始接到朋友的电话或信息，小亚还会回复，保证尽快完成。事实上，她也的确想尽快交稿。只不过在各种情绪、压力的影响之下，她的工作状态出了极大的问题，结果越拖越不知道如何交差，最后只好把自己变成了头埋在沙子里的鸵鸟，对朋友的信息视而不见了。

听完小亚的叙述，我知道她陷入了巨大的情绪内耗之中。尽管有些生气，但我知道，此时的她更需要有个人将她拉出情绪的泥潭。于是，我郑重地告诉她，不要再让自己的状态被情绪左右，内疚也好，压力也罢，这都解决不了任何问题；相反，如果任由这些乱七八糟的想法占据自己的内心，那就只会让自己越来越浮躁，越来越静不下心来，问题会变得越来越严重。当务之急是要调整心态，让自己沉浸到工作中，认认真真从一点一滴做起，"啃"下这块难啃的"骨头"。

那天聊完后，我感觉电话那头的小亚明显松了一口气。在我的建议下，她诚恳地给朋友道了歉，并如实说了自己的情况，然后将自己彻底从情绪中抽离出来，一头扎进了漫画创作中。这一次，避开了情绪内耗的小亚，很快就找回了工作状态，完成了创作任务。

在现实生活中，你是否也曾遇到过和小亚类似的情况？明明知道某件事迫在眉睫，必须要做，明明知道事情不能再等，明明人就坐在办公桌前，可就是沉不下心来，任内心的各种想法百转千回，任乱七八糟的情绪萦绕心间，最后浪费了时间、浪费了精力，却一事无成。久而久之，就会形成这样一个恶性循环：思虑越多就越容易裹足不前、拖延时间，于是做出来的成果就越差，对自己的正反馈就越低，下一次就越容易产生过多的思虑……

这便是陷入情感内耗的典型表现。毋庸置疑，这种内耗，正是我们自律路上典型的绊脚石。挪开这块绊脚石，无论属于什么情况，静下心来，心无旁骛地做好手头的事情，正是自律的真正开始。

避免人际内耗，远离负能量爆棚的人

前两天，一起吃饭的时候，一位朋友向我倾诉了自己的烦恼。

朋友半年前报了个瑜伽班，她每晚7点都会准时出门去上课。

上个星期，正当她准备出门时，楼下的一位妈妈带着孩子敲开了她家的大门。由于孩子们平时在一起玩得不错，当时，她没好意思拒绝他们的拜访，想着先让孩子们一起玩一会儿她再出门去上课，也不会耽误太久。

谁承想，招呼她们坐下后，两个孩子开心地玩玩具去了，她和那位妈妈还没聊上几句，对方便向她倒起了苦水，一个劲地抱怨婆婆的不是，还把出门前和婆婆之间发生的矛盾从头到尾讲述了一遍。到这时，她才恍然大悟，原来，对方不是带孩子来玩的，而是找她诉苦的。

平日里，朋友的工作很忙，很少带孩子下楼玩。所以，尽管两家的孩子关系不错，她和这位妈妈却并不算太熟悉，只是一起带娃时打过几个照面。不过，对于他们家的情况，她倒是有所耳闻。听说，他们夫妻和孩子的爷爷奶奶生活在一起，平时婆媳关系很紧张。印象里，在为数不多的几次见面中，这位妈妈几乎每次都会向朋友抱怨。出于礼貌，朋友也总是好言相劝。

或许，正是因为这样，那天在闹完矛盾后，满腹委屈、急于倾诉的她，才带着孩子找到了朋友家。

朋友说，那天，这位妈妈坐在她家的沙发上，喋喋不休地抱怨了近两个小时，而她就坐在那里，微笑着听对方诉说，白白浪费了两个小时的宝贵时间。等送走他们后，她长长地舒了一口气，感觉终于解脱了。不过，因为时间太晚了，她的瑜伽课也泡汤了，还牺牲掉了每晚的固定阅读时间，这让她万分沮丧。

原本，朋友以为那次拜访是一次偶然行为，没想到第二天同样的时间点，当她正准备出门练习瑜伽时，那位妈妈又带着孩子来了！于是，同样的场景再次上演——孩子们玩着玩具，她们坐在沙发上，对方牢骚满腹地宣泄，朋友无可奈何地倾听着。

更让朋友没想到的是，自那以后，那位妈妈经常会带着孩子登门拜访。每次孩子们自顾自地玩耍时，她便开始对着朋友诉苦。为此，朋友感觉非常郁闷，一想到正常的生活节奏被打乱，一想到宝贵的时间被白白浪费，她的内心便生出一股无名火。

诉说到最后，朋友几乎是咬牙切齿。我笑着问她："为什么不拒绝她呢？"

"一个小区住着，孩子们又处得不错，我哪里好意思？"朋友无奈地回答。

"你有没有想过，你的不好意思，换来的正是无穷无尽的内耗。"听完我的话，朋友若有所思地沉默了。

就在我快要忘掉这件事的时候，朋友突然来了一通电话："听了你的建议，我终于把这件事解决了！"隔着屏幕，朋友的愉悦似乎都要溢出来了。

原来，那天晚上回去后，朋友便下定决心：坚决杜绝人际内耗，远离负能量爆棚的人。于是，那天晚上，当敲门声再次响起时，朋友打开门，毫不犹豫地下了"逐客令"，明明白白地告诉那位妈妈，自己马上要出去锻炼，有机会再带孩子一起玩耍，然后招呼孩子和他们说了再见。

朋友说，看着门外的妈妈带着孩子无奈地走后，不知道为什么，那一刻，她的内心竟然生出了几分胜利的欢愉。

在现实生活中，不知道你是否也曾碰到过这样的人：他们总是喜欢向周围的人倾诉自己的烦恼和心声，全然不顾听者的感受？许多时候，由于拉不下脸、抹不开面子，面对他们的抱怨和发泄，尽管我们的内心十分排斥，可是表面上，还是会装出一副热心的样子，听他们倾诉，接受他们的发泄。

殊不知，这时候我们其实就让自己陷入了一种巨大的人际内耗：一方面，他们的宣泄会让我们被迫接受一系列的负能量，让自己陷入负面情绪之中；另一方面，人的时间、感情和精力都是有限的，你把它们浪费在无聊的、充满负能量的人身上，自然没有时间让自己变得更好。

所以，要自律，请避免情感内耗，远离那些充满负能量的人。

避免社交内耗，舍弃酒肉朋友，减少无意义的聚会和饭局

周六的晚上，丈夫原本计划好好温书，因为不久之后，他有一个重要的评级考试。那晚，坐在书桌前的他刚刚进入复习状态，电话就响了。

来电话的是他的发小老六。毫无疑问，又是喊他出去吃烤串、喝酒，这几乎是他们每个周末的固定节目。

妻子劝先生说，考试时间越来越近了，好不容易有点空闲时间，不如就在家好好复习，反正每周都聚，少去一次也无碍。听了妻子的话，丈夫便给老六发了一条微信，准备重回书房。没想到，老六的"连环夺命call"很快就来了，在电话里，老六扯着嗓子笑骂丈夫"不厚道""不够意思"。最终丈夫选择了赴会。

尽管一再保证去去就回，可是那天，丈夫还是和往常一样，快到半夜时才喝得醉醺醺地回来。这之后，类似的情况又发生过好几次。尽管对丈夫频繁参加这种毫无意义的聚会和饭局颇有微词，但结婚之初就与丈夫约定好要尊重彼此社交圈的妻子，也不好再说什么。

由于没时间复习，最终，丈夫的评级考试没能通过。那天，拿到成绩后的丈夫懊悔地感慨道："早知道就该少喝几顿酒，多看几天书！"

只是，感慨又有什么用呢？

这个故事，是一位客户在闲聊中讲给我的。当时，她的丈夫刚拿到考试成绩不久。在聊天中，客户"恨铁不成钢"地抱怨丈夫总是离不开他那群酒肉朋友，总是被无聊的饭局和无聊的聚会消耗。

不可否认，中国是一个重关系的人情社会。在这样一个"关系社会"里，许多人都信奉"多个朋友多条路"；许多人都把自己宝贵的时间和精力，浪费在了觥筹交错、推杯换盏之中；许多人都以为多喝顿酒，就能增进人与人之间的感情。

殊不知，那些频繁的酒局饭局，本身就是一种巨大的内耗，除了浪费时间、浪费精力、浪费生命，毫无意义。倘若我们能用那些被白白浪费掉的喝酒的时间来提升自己，那么，一切都将变得不同。

我认识的一位朋友，他已经做到了世界 500 强企业高管，在业界享有盛誉。在人们的印象里，像这样的人一般都有很多饭局。但事实恰恰相反，平日里，只要不是必须参加的饭局和聚会，他都会拒绝。

私下里，我们曾交流过这个问题。我问他，不混圈子、不入饭局、不去酒会，难道不害怕被别人解读为"假清高""不合群"吗？朋友却笑着回答说，参加那些毫无意义的饭局和酒会，就是浪费时间。他宁愿被人误解为"假清高""不合群"，也不想把宝贵的时间白白花在无意义的社交上。

那些从无聊的饭局和聚会中省下来的时间，被他用到了运动健身、看书学习、读 MBA 课程、提升认知上。也正是因为这样，即便到了四十多岁，他看起来依然充满活力。

在接受媒体采访的时候，作家冯唐曾经说道："在我四十岁之后给自己立了几条规矩：一是没有巨大的经济利益不和别人翻脸，不和别人争；二是不给任何人写序；三是原则上不在任何无聊的人或事上花时间。"

这三条规矩总结起来，其实只有一条：不在无聊的人或事上浪费时间。

诚然，生活在这个世界上，每个人都不是独立的个体，都需要朋友。但交友这件事，并不应该看中数量，而更应该看中质量。快节奏的社会，让每个人的时间都变得更加宝贵，减少无用社交，与值得的人交往，才算没有辜负时间。

四、"绑架"自己，而不是随心所欲

找到一些"绑架"自己、限制自己的外在力量

在自律的路上，你觉得最重要的支撑是什么？

对于这个问题，我想大部分人的答案是目标和动力，认为只要有目标、有动力，就能让自己持之以恒地走下去。

事实上，并非如此。

经济学中有个重要的概念叫"边际效用递减"，它是指在一定时间内，在其他商品或服务消费量不变的条件下，随着消费者不断增加某种商品或服务的消费量，消费者从商品或服务的消费中所获得的兴奋感与满足感是逐渐递减的。

比如，在炎热的夏天，当你吃第一口冰激凌时，在冰凉包裹口腔的那一瞬间，你一定会感觉非常幸福；等到吃第二口时，这种幸福感便有所削弱；再吃第三口时，幸福感再一次减弱……如此随着重复次数的增多，吃冰激凌带给你的愉悦感会不断降低。这便是边际效用递减。

在自律的道路上，边际效用递减的规律同样存在。不可否认，当你想养成自律的习惯，坚持做好某件事时，清晰的目标和十足的动力的确至关重要。不过，随着你做这件事的次数的增多，你会发现，目标和动力对你的刺激作用以及带给你的愉悦感也会逐渐变少。

从这个角度来说，在自律的路上，当你一心只想依靠目标和动力激励自己持续前行时，效果可能并不理想。并且越到最后效果可能越差。

这时候，应该怎么办呢？我的答案是：与其一开始就给自己制定清晰

的目标，并规划好实现目标的每一个步骤，不如不给自己设限，让自己在不断的自我探索中，找到一些"绑架"自己、限制自己的外在力量。然后，让这些外在力量推着自己在自律的路上坚定不移地持续走下去。

这样说，或许你会觉得很疑惑，我们不妨通过一个案例更深刻地感受这一点。

蕊蕊原本是一位全职宝妈。几年前，爱写作、爱分享的她，开通了自己的微信公众号，经常在上面分享一些自己的育儿故事和育儿经验。

因为文笔不错、分享的观点也很新颖，渐渐地，蕊蕊的公众号积累了一批忠实粉丝。抖音兴起后，有粉丝提议，让蕊蕊开通短视频账号，蕊蕊自己也很感兴趣，于是便开始运营短视频。随着账号越做越好，蕊蕊一个人要运营公众号，又要兼顾短视频，逐渐感觉精力不够了，这时候，她吸纳了同城的几个宝妈，成立了自己的工作室，由此正式走上了创业的道路。

后来，直播带货兴起。团队的宝妈们觉得这是一个很好的创业机会，既可以通过带货平台为粉丝们谋福利，又可以增加公司的盈利，便极力建议蕊蕊直播带货。

就这样，蕊蕊又尝试做起了直播带货。没想到，由于选品好、粉丝基础好，再加上价格公道、服务优质且搭上了时代的东风，蕊蕊的直播做得风生水起。如今，蕊蕊成立了专门的电商公司，团队成员也从最初的七八人，变成了今天的几十人，粉丝数量更是与日俱增。

事实上，一开始做公众号时，蕊蕊只是单纯地想拥有一个写作、分享的平台，没有任何长远规划。后来，在做这件事情的过程中，她得到了许多外力的支持，渐渐地，在这些外力的推动下，她做了短视频，又做了直播，在创业的路上越走越远，竟做出了一番事业。

提到如今的成绩，蕊蕊很感慨。在她看来，在这条不断变好、不断成长的路上，她看似是被粉丝、被团队成员"绑架"着做出了选择，实际是粉丝和团队成员给了她最好的外在支撑。如今，她的团队越来越壮大，粉丝越来越多，她不想辜负这份信任，已经没有了退缩和放弃的余地了，必须咬着牙、迎着光，坚定不移地走下去。

蕊蕊的故事，常常让我想起罗振宇。

在分享自己每天发布"罗胖 60 秒"的经历时，罗振宇曾经感叹说，自己能够坚持，不是因为意志力强，而是因为被外力"绑架"了。

他提到，"罗胖 60 秒"第一次发出去的时候，为数不多的听众几乎都是办公室里的同事。后来，坚持了一个星期后，粉丝悄悄涨到了好几百人。又做了一段时间后，爱睡懒觉的他，开始打起了退堂鼓，一心想结束这件事。可是这时候，粉丝已经有好几万人了，哪里还能放弃？于是，便坚持到了今天。

从某种程度上说，蕊蕊的故事和罗振宇的故事其实是相似的。在刚开始决定做某件事时，他们或许都没做过很细致的规划，也都没有很具体的目标。可是在做这件事情的过程中，他们却源源不断地得到了外在力量的支撑。在被这些外在力量"绑架"着、推着走的过程中，他们便把手头的事情坚持了下来，变成了别人眼里的"自律"和"成功"。

特约撰稿人万维刚曾经说："如果你是个特别自律的人，每天面对各种限制，有各种固定流程，你每时每刻都知道自己应该干什么，你反而获得了一种自主的感觉。"无数的现实经验也告诉我们：鲜有成功者一开始就能设想好道路上的每一步，并且不折不扣地执行。他们大多是在摸着石头过河过程中，找到了外在的支撑力量，并在外在支撑力量的"绑架"下，坚定了步伐、看清了方向，一如既往地坚持了下去。

做不喜欢但应该做的事情

什么是自律？

我看过的最好的答案是：自律是一场清修，是忍耐的叠加，你要戒除的大多是某种对人生不利的快意。这个过程注定是难熬的，但成果一定是丰硕的。

自律的目的是修炼更好的自己，这是大多数人达成的共识。然而，对于自律的养成，许多人却抱有错误的观点。他们往往认为：有些人之所以自律，是因为他们发自内心地喜欢自律，所以做起来才得心应手。

只是，世间哪有那么多让人心甘情愿和心情愉悦的事情！人性的弱点和人生的经验同时告诉我们：通常，越是有用的事情，做起来越不舒服，过程越让人痛苦。

所以，关于自律的养成，真实的情况应该是：强迫自己主动选择迎难而上，强迫自己进入状态，将"不喜欢但应该做的事情"做到极致。

比如，寒冷的冬天，明明不想离开温暖的被窝，明明想赖在舒适的床上偷会儿懒，但因为知道早起的重要性，还是强迫自己钻出了被窝。比如，结束一天的工作后，明明已经很累，明明不想再动，但因为知道健身重在坚持，还是强迫自己换好衣服出了门。再比如，明明不喜欢下厨做饭，明明不愿意洗碗，但因为知道长期吃外卖不利于健康，还是强迫自己走进了厨房……

你发现了吗？同样面对一件不喜欢但应该做的事情，不自律者往往会任由自己的本心，选择放弃或逃避；但自律者一定会强迫自己去做，哪怕过程痛苦，哪怕内心不愿。

人其实是一个十分矛盾的个体，在我们的身体里，既住着强大的惰性，也住着巨大的潜力。这两个矛盾的特征，遵循着这样的共生法则：在没有压力的情况下，潜力会呼呼大睡，而懒惰会盘踞为王，于是，我们便会变得懒懒散散，做事拖拖拉拉，凡事得过且过，最终沦为平庸之辈。反过来，当我们给自己施加一定的压力，制定一系列的目标后，这些压力和目标就会赶走懒惰，唤醒潜力，最终，我们会变成更好的自己。

从这个角度说，一个人要想真正做到自律，就应该磨砺自己的心性，让自己在面对应该做的事情时，即便内心再排斥，也要咬牙去做，并且做到最好。

经验告诉我们，这世上的许多东西都是被逼出来的。好习惯如此，自律也同样如此。多做不喜欢但应该做的事情过程虽然痛苦，但结果一定圆满。

为了检点自己的言行，明代大学士徐溥曾经效仿古人，在书桌上放了两个瓶子，分别用来装黑豆和黄豆。每当产生不好的念头，或者做出不好的行为、吐露不好的言辞后，他便在瓶子中投入一颗黑豆；反过来，每当内心产生一个善念或者做出一个善举，说出一句善言后，他便在瓶子中投入一颗黄豆。

刚开始时，黑豆明显多于黄豆。这说明，他内心的善念、做出的善举以及说出的善言，明显要少于内心的恶念、做出的恶举以及说出的恶言。于是，他便不断反省自己，严格约束自己，时刻激励自己，对于不想做但应该做的善事，强迫自己去做；对于想做但可能会带来不好影响的事情，强迫自己不去做。

渐渐地，瓶子里的黄豆越积越多，黑豆越来越少。

可以说，正是凭借这种持续不断的修炼，凭借对不想做但应该做的事情的坚持，以及对想做但不能做的事情的摒弃，最终，他完成了自我的不断完善，成为德高望重的一代名臣。

曾经听说过这样一句话："肆无忌惮地放纵自己，这样得来的自由，终将在现实中轰然倒塌。而通过自律赢得的自由，才是真实的、珍贵的、有价值的。"从表面看，自律的人，总是在强迫自己做不喜欢的事情，日子如苦行僧般辛苦。但正是这份辛苦，让自律者拥有了更多选择的自由和更多说"不"的底气。

不做喜欢但不应该做的事情

和不喜欢但应该做的事情相对应的，是喜欢但不应该做的事情。

比如，你很喜欢吃汉堡，但超标的体重却提醒你远离高热量食物；你很喜欢熬夜刷剧，但萎靡的精神和黑眼圈却告诉你不能晚睡；你很喜欢睡懒觉、打游戏，但迫在眉睫的考试和薄弱的学习底子却告诉你应该抓紧时间复习……

那么，在面对这类很喜欢、很想做，但不应该、不能够做的事情时，自律者又会是怎样的反应呢？答案是毋庸置疑的——坚决不做。

王阳明在《传习录》中写道："人须有为己之心，方能克己；能克己，方能成己。"意思是说：生而为人，我们首先要有一颗善于检讨自己的心，然后才能克制、约束自己内心的欲望；只有做到了克制、约束自己的欲望，最终，我们才能成为更好的自己。王阳明的寥寥数语，却道出了自律的真谛。

知乎上有这样一个问题："你最深刻的错误认识是什么？"其中有个答案尤其令我难忘："以为自由就是想做什么就做什么，后来才发现自律者才会有自由。"

正如乔布斯所言："自由从何而来？从自信来，而自信则是从自律来。"自律是对自我的控制，自信是对事情的控制，一个人唯有学会控制自己，才能在这种控制中不断磨炼出自信。反过来，作为成年人，如果我们不能控制自己的行为和欲望，如果我们明知道某件事不能做却偏要由着自己的喜好去做，如果我们不能以高标准、严要求对待自己，那么，我们的自信从何而来，我们的自由又从何而来？

在现实生活中，身边的许多人都抱有"人生苦短，今朝有酒今朝醉，人不风流枉少年"的错误观念。殊不知，每一个不自律的行为，最终会带来更大的痛苦，产生更糟的结果。

比如，二十岁的时候，明知道不该贪玩，可是控制不了自己，于是便造就了三十岁的无奈；三十岁的无奈，又会导致四十岁的无为；四十岁的无为，又导致了五十岁的失意……诸如此类，环环相扣。但如果在二十岁的时候，就能够严于律己，不做不该做的事情，那么，又怎会落得个失意的人生呢？

所以，人终其一生，最终的高度正是取决于能否自律。而自律的最高境界，正是强迫自己做不喜欢但应该做的事情，告诫自己不做喜欢但不应该做的事情。

五、高度聚焦，一次只专注于做好一件事

所谓专注，就是心守一事，做好一事

初中时代的我，曾做过这样一件傻事。

那时候，我很迷恋听广播。然而，由于学业紧张，我每天的空余时间并不多，听广播的时间就更少了。尤其是我喜欢听的一档节目一般是晚上7点开始，而这个时间段刚好是我吃完晚饭埋头做题的时间。

我既不想放纵自己，耽误学习，又不想错过广播，放弃自己的爱好，该怎么办呢？

后来，在无限纠结之中，我想了一个"两全其美"的办法——一边听广播，一边做作业，两者同时进行。

年幼无知的我，很是为自己的"机灵"高兴，以至在想到这个办法的当天晚上，我就高兴地执行了。然而，现实却狠狠给了我一拳。那天晚上，当我兴冲冲地听着广播中熟悉而亲切的声音做题时，我迎来了自己学习史上的最低效率。若在平时，我做一页数学题的时间大约是半个小时，可是那天晚上，我趴在书桌上整整写了一个半小时，数学题还剩下一大半。即便是已经做完的那一小半，正确率也比平时低很多。

原本，我想得很美好：听广播可以很放松，而学习则需要高度紧张，这一松一紧，刚好互补。可实际情况是，当我听广播的时候，我的思绪总是不受控制地被广播中的声音牵走。而每次当我意识到自己走神以后，又会迅速调整，把自己从广播中拉回来，全然不顾广播里讲了什么，努力加快做题的速度。

就这样，那天晚上，我既没有把广播听尽兴，也没有把作业做好。宝贵而美好的两个小时就这样在我的"双线作业"中被白白浪费了。

这件事过后，我开始意识到：正如饭要一口一口吃一样，事也要一样一样做。心守一事，方能做好一事；一心多用，注定什么事也做不好。

诚然，随着生活节奏的加快，我们的时间变得越来越宝贵。于是，为了节约时间，现实生活中越来越多的人和当初的我一样，犯了同时选择做几件事的错误。比如：一边走路，一边玩手机；一边吃饭，一边看新闻；一边带娃，一边刷抖音；一边听音乐，一边工作……殊不知，这种看似节约时间的方式，实际是在浪费时间。

因为当我们这样做的时候，实际一件事也没有做好。

以边听音乐边工作为例，当我们把这两件事杂糅在一起时，我们既不能全神贯注、聚精会神地工作，也不能完全放松、身心愉悦地感受音乐的美好。反过来，如果没有选择两件事一起做，而是在听音乐的时候就专心听音乐，听完音乐再全身心地投入工作，那么，从理论上看，我们的效率也许降低了，因为分别做这两件事加在一起的时间，的确是同时做这两件事所花时间的两倍。但实际上，我们却是节约了时间，提高了效率，因为我们高效地将每件事都做好了。

所谓专注，就是心守一事，做好一事。从某种程度上说，在现实生活中，无论我们做什么事情，只有完成了，才是有效率。如果同时做两件或者多件事，结果一件都没完成，那就是没效率。正所谓"一心不能二用"，说的就是这个道理。

所谓专注，就是扎根行业，深耕事业

雷军有一套非常著名的成功"七字诀"——专注极致口碑快。相信你一定发现了，在雷军所认为的成功要素中，专注被排在了第一位。

在比尔·盖茨第一次见到沃伦·巴菲特时，盖茨的母亲让他们各自分享了自己取得成功的最重要因素，有趣的是，他们不约而同地提到了"专注"。

在《华为的时间管理》一书中，任正非曾这样说道："在华为创业初期，除了智慧、热情、干劲，我们几乎一无所有，从创建到现在，华为只做了一件事，那就是专注于通信核心网络技术的研究与开发。"

…………

作为一种能开辟成功之路，让精力集中于每一个过程，让人因为精力集中而得到回报的最具价值的"心灵资产"，专注几乎是所有优秀人士公认的成功法则。体现在职场上，所谓的专注指的就是扎根行业、深耕事业，认准一个领域，就选择在这个领域坚持下去。从某种程度上说，这种专注也就决定了一个人在事业上能够达到的高度和能够取得的成就。

关于这一点，小雷和小吴的故事或许可以带给我们更多的启示。

2013年，网购刚刚兴起，电子商务专业毕业的小雷和同学小吴联合开了一家淘宝店，由此走上了创业的道路。由于没有经验，一切都在摸索阶段，刚开始，网店的生意十分冷清。小雷和小吴两个人既是店主又是客服，还要负责寻找货源和销售，每天忙得团团转，可挣的钱远远不够自己的花销。

渐渐地，浮躁的小吴失去了耐心，开店不到半年，他便选择了放弃。

而小雷却选择了坚持。尽管在小吴离开后，小雷的父母也力劝小雷放弃，他们认为，做了半年也没有什么成绩，与其这样没希望地耗下去，还不如老老实实找一份工作。但小雷觉得，只要踏实肯干，老老实实在一个行业里扎根几年，就一定会做出成绩。因此，他义无反顾地选择了坚持。

在后来的几年里，小雷一门心思地扑在网店上。没有经验，他便一边学习、一边摸索；打不开销路，他便虚心向有经验的前辈请教，在一些论坛上宣传自己的店铺，发展自己的顾客社群……

渐渐地，生意好起来了。到了2016年，小雷已经将淘宝店做成了月入几万的金皇冠店铺。如今，在电商行业扎根八年的小雷，早已将网店做大做强，他也由过去的小雷成了今天的"雷总"。

再反观小吴，他当年从网店撤资后，很快便找到一份做销售的工作。可是做了没多久，他觉得销售太辛苦了，又换了一份做采购的工作。然而，采购没干几天，他又觉得不满意，于是，再次转行做起了新媒体运营……就这样，在这八年的时间里，缺乏专注精神的他换了许多工作，每份工作都干不长，一路磕磕绊绊，始终没有安稳下来，更别提做出成绩了。

八年的时间，原本起点相同的两个人却拥有了完全不同的人生。这里面，固然有努力的成分、机遇的成分，但归根结底还是专注与否——因为懂得专注于一个领域努力，所以小雷将自己变成了"雷总"，获得了能力与财富的双丰收；反过来，因为不懂得专注，做什么都缺乏毅力，总是三心二意，小吴至今一事无成。

总之，作为一项极为重要的能力，专注是开启成功之门的金钥匙。一个人只有专注，做到了扎根行业，深耕事业，聚焦某个领域、某件事情，并且在这个领域、这件事上持续不断地发力，才能真正在这个领域站稳脚跟，把这件事情做好。

所谓专注，就是拒绝浮躁，修炼心性

达尔文在自传中写道："并不像某些聪明的人那样，有非常快的领悟力……我认为我比普通人强的地方在于，我能注意到一些容易被他人忽略的细节，在观察方面很细致……更重要的是，我对自然科学的热爱一直都很专注而强烈。"

不可否认，专注是一种非常宝贵的品质，尤其是在社会风气越来越浮躁的今天。如果我们认真观察就会发现，那些成功者之所以能成功，往往并不是因为他们多么有天赋，也不是因为他们多么聪明，而只是因为他们足够专注，懂得心守一事，懂得高度聚焦，更懂得拒绝浮躁，能够做到在喧闹繁华的人世间，笑看云卷云舒，坐看风起云涌，静观花开花落。

这样的专注，我们从许多自律者身上都能看到。

有位作家曾经提到，有一次，她在做指甲时，电话响了。见作家迟迟没有反应，旁边的人提醒她说："你的电话响了。"作家却盯着正在做的指甲，头也不回地回答："让电话响吧，有什么会比我现在正在做的事更重要呢？"

这样的专注，正变得越来越稀缺。

记得有一年去旅游，我曾在景区的小店门口看到这样一个游戏：十五分钟之内，如果能在白纸上连续无误地从1写到500，那么，就能赢得丰厚的奖品，否则就需支付游戏费用。

这个游戏看上去十分简单，几乎没有任何技术含量。然而，在我驻足旁观的那半个小时里，参与游戏的人很多，最后能赢得挑战、获得奖品的人却几乎没有。大家普遍的反应都是"数字太多，烦躁，写不下去了""一看手机注意力就分散了，很容易出错"……

尽管这只是一个游戏，但从游戏中体现出来的，却是我们严重缺失的专注力。

说到这里，我们不妨回想一下，在现实生活中，自己是否也曾有过类似的情况：翻开书本，才翻读了几页就掷到了一边；立志健身，锻炼了几日便打退堂鼓；制订了诸多计划，却总是拖延……

之所以会有这些表现，原因只有一个：专注力不够。而要想改变这种现状，方法也只有一个：努力克制内心的浮躁，认真修炼自己的心性。

奥地利诗人里尔克这样写道："人若愿意，何不以悠悠之生，立一技之长，而贞静自守？"专注是一种力量，它能够帮助我们更好地获得成功，也能够帮助我们更好地修炼心性。越是在浮躁、喧闹的环境中，专注越显得重要。

PART 6
拥有自律感：
从大多数到极少数，拥抱更高级的人生

生命是一种选择，有人在柴米油盐中迷失，有人在努力自律中超越。自律的难，难在日复一日的坚持，难在克制欲望的忍耐。当你忍受了自律的累、吃下了自律的苦，你会发现，你收获了大部分人尝不到的甜，看到了大部分人看不见的天。

一、所谓自律，就是更庄重地对待自己

生命是一种选择，有人在柴米油盐中迷失，有人在自律中超越

前两天，我去重庆出差。在公园里散步时，无意中听到坐在旁边的两个年轻男孩的对话：

"你昨天几点睡的？"

"凌晨1点多吧，玩了会儿游戏，本来还想再玩两局，队友水平太'菜'了，气得我早早关了电脑。"

"我也差不多，躺在床上看球赛到半夜。"

简单几句对话后，男孩们心照不宣地选择了沉默，一头扎进了手机的世界，再没言语。但他们的话却像一根钢钉扎进了我的心里。

白天打着哈欠、顶着黑眼圈、拖着疲惫的身躯上班、上课，晚上兴奋异常，打游戏，刷手机，追电视剧；许久没有认认真真读过一本好书，但说起新款的游戏、热门的电影却头头是道……这样的生活状态，大约是当代许多年轻人的真实写照。在本该奋斗的年纪，他们却将宝贵的时间和精力浪费在了毫无意义的游戏娱乐之中，过着毫不设限、随波逐流、极不规律的生活。或许，在他们的认知里，这是一种自由的、放松的生活，殊不知，这样的自由和放松，迟早要付出惨重的代价。

他们更不知道，在自己游戏人生、沉溺于游戏、浑浑噩噩过活的时候，那些比他们起点更高、更优秀的人却选择了自律和努力。

在我的微信朋友圈中，几乎每天晚上9点，都会出现一张"每日运动"的截图。我之所以对这些截图印象深刻，一是因为这些截图出现得极其规律，几乎每天都在固定的时间点发出；二是因为图片上展示的运动步数，从来没有低于过两万步。

这些图片的主人也是一个年轻人，她是我客户的女儿。刚刚十八岁的她，已经是一名钢琴过十级、通过雅思考试的大一学生。

每每提及女儿，客户总是很骄傲。她说，女儿从小就自律、懂事，很少让她操心。初中、高中的时候，别的孩子放了寒暑假只知道疯玩，总是需要父母督促着写作业，但她的女儿每次都会提前做好计划——学习、读书、旅游、运动、练琴，把生活安排得井井有条，根本不需要父母的耳提面命。

客户的先生从事教育工作，高考时，女儿不负众望考进了一所985大学，大家都觉得她有老爸指导，成绩好是必然的。可实际情况是，父母根本没有过多地管过她，她的优秀全靠自律和自觉。

诚然，没有对比就没有伤害，许多时候，我们只看到了别人的优秀，却看不见他们为此付出的近乎自虐般的努力。更重要的是，当这些优秀者在默默努力、悄悄上进的时候，另外一些实力远不如他们的人却选择了得过且过、游戏人生。

教育学中有个著名的概念叫"剪刀效应"，它是指早期只有一点点差距，随着时间的推移和事情的不断发展，差距会变得越来越大。从本质上说，命运是一种选择：有人选择在日复一日的柴米油盐中迷失自我，有人却选择在努力自律中不断超越。最后，原本处于同一条起跑线上的两类人，差距便越来越大。

持之以恒地自律，才能遇见更好的自己

不可否认，一个自律到骨子里的人，看上去往往是无聊又无趣的。

比如，在别人纷纷外出游玩的时候，自律者却窝在家里看书、学习；当别人大快朵颐，享受着美食对味蕾的强烈刺激时，自律者早已在健身房里挥汗如雨；当别人优哉游哉地睡到自然醒时，自律者已经吃完早餐、狂奔在上班的路上了……

这样的人看起来的确无趣，他们的生活不仅显得刻板、单调，甚至还有点"自虐"倾向。可是在无趣和"自虐"的背后，他们遇见的却是更好的自己。

说到这里，我想到一部泰国短片——《只有你可以改变你自己》。

这部时长只有一分多钟的短片，讲述了这样一个故事：一个生活在贫穷农村的胖女孩，从小便遭遇他人的欺负和嘲笑。"猪头！肥佬……"当这样的声音一遍遍在耳畔响起的时候，胖女孩会变得痛苦而自卑，常常躲起来独自哭泣。

女孩的遭遇让奶奶十分心疼。奶奶告诉女孩："村子后方的山丘上有个枯井，传说只要将枯井注满水，神就会出现，能帮你实现一个愿望。"

奶奶的话燃起了胖女孩的希望，她擦干眼泪，决定去试一试。第二天，太阳刚刚升起，目标坚定的女孩便挑着两只空桶出发了。一路上，她再次遭到了嘲笑，但这一次，她没有理会，头也不回地走开了。

刚开始担水时，胖女孩显得笨拙而吃力，不仅如此，还常常摔跤。但她咬牙坚持了下来。慢慢地，女孩担起水来得心应手了，也变得越来越轻松了。

就这样，不知道坚持了多久，一天，女孩终于达成了自己的目标——

为枯井注满了清水。井满水溢的那一刻，女孩开心地笑了，她满怀希望地等待着神的出现，可惜，神始终没有出现。

"神，你在哪里？"女孩不甘心地高声喊，却始终没有得到回应。就在她失望地低下头去的那一瞬间，她惊喜地发现，井水中出现一个身材苗条、面容清秀的姑娘。那个姑娘，正是她自己。

原来，在每天坚持挑水的过程中，自律的女孩已经不知不觉变瘦、变美了。

影片的最后，有一句话尤其让我为之动容：只有你自己可以改变自己，对的事，天天做。

的确，越自律，越优秀。正所谓"先有量变，后有质变"，大多数时候，努力和收获是成正比的。自律一两天，甚至一两个月，或许看不出什么效果，但如果自律一两年，甚至十年、二十年，结果便会大不相同。

这个道理，总是会让我想起家乡的一种竹子。起初的几年，这种竹子每年只会生长三四厘米，可是到了第五年以后，它们就开始疯狂地生长。之所以呈现出这样的生长规律，是因为在前面的三四年里，竹子的根系需要在土壤里延伸、扎根，而这个过程为竹子后来的快速生长打下了坚实的基础。

从某种程度上说，自律也是一样的道理。最开始的自律就像竹子扎根一样，或许看不出什么成效，但极其重要。熬过了这个阶段，待自律成为一种镌刻在骨子里的习惯以后，自律带来的成长就会显现出来。

所以，只有持之以恒地自律，才能遇见更好的自己。记住，在默默自律、悄悄扎根的岁月里，你不是一无所有，而是在为成长积蓄力量。总有一天，当你拥有了充足的力量后，一定会惊艳世界。

自律，多晚都不算晚

我发现，现实生活中，许多人之所以不自律，并非意识不到自律的重要性，更不是不想自律，而是觉得自己错过了自律的年纪，已经来不及自律，或者认为自律没用了。

殊不知，自律是一味修炼心性、辅助成长的药。任何人只要有一颗想自律的心、一份想变好的热情以及持之以恒的毅力，什么时候开始自律都不晚。

关于这一点，在四十九岁的年纪和儿子一起考上研究生的宿舍管理员原梦园阿姨便是最好的证明。

2019年9月，正值开学之际，一个"考研成功，宿管阿姨高校报到"的话题冲上了微博热搜，引发了网友们的广泛讨论。这个话题的主人公，正是原梦园，发生在她身上的故事非常励志。

2011年，原梦园为了照顾读初三的儿子，毅然辞去了老家的工作，来到了儿子身边。那时候，她发现儿子在学习的时候总是显得很焦虑、注意力极不集中，为了鼓励孩子，她决定和孩子一起学习，从此走上了陪读的道路。

起初，她选择重拾课本，一头扎进了知识的海洋，单纯是为了陪伴孩子。后来，在漫长的陪读过程中，她内心成为更优秀的自己的愿望逐渐被激发出来，于是，她决定开始为自己而读书。

2015年，原梦园的儿子以优异的成绩考进了上海大学，一年之后，她自己也参加了成人高考，顺利考取了复旦大学汉语言文学专业。

那时候，原梦园住在上海交通大学附近，忙碌之余，勤学上进的她常常跑去交大"蹭课"。后来，通过应聘，她成了交大留学生公寓的宿管阿姨。

或许是在学校待久了，深受学校文化氛围的熏陶，原梦园越来越意识到知识重要、学习重要。恰好那时儿子决定考研，她便毫不犹豫地选择了和儿子一起备考。

那注定是一个艰辛的过程。尽管那些年的原梦园一直在进步，但毕竟基础弱、底子薄，再加上工作时间长、每天忙忙碌碌，并且上了年纪，记忆力、精力各方面都跟不上，原梦园的考研之路走得并不顺畅。

但努力自律的她义无反顾地坚持了下来。

每天，她见缝插针地学习；即便工作再忙，下班再晚，结束一天的工作后，她也会要求自己高效率地学习一两个小时；英语底子太薄，她就要求自己每天必须坚持背单词，还常常拉着留学生公寓的老外练口语；一有休息时间，她便跑去教室旁听……总之，她几乎把所有的休息时间，都用在了学习备考上。

有人劝她说："这么大年纪了，何必折腾呢？"也有人嘲讽她说："考研是什么人都能考的吗？也不掂量掂量自己几斤几两。"面对这些声音，原梦园选择了沉默。她始终认为，只要肯努力，只要想进步，什么时候开始都不晚。

后来的故事，我们就都知道了：在经历了七百多个日日夜夜的自律坚持后，原梦园实现了自己的考研梦想。

人们常说，在自然界，种一棵树最好的时机一般有两个：一个是十年前，一个是现在。这句话实际是在告诉我们：努力永不会晚，自律永不会晚，比起什么时候开始和在什么年纪开始，更可怕的是，你明知道应该开始，却迟迟不肯开始。

所以，从今天开始，给自己一点勇气、一份信心，勇敢走出自己的舒适区，用自律去成就更好的自己。你要相信，当你想清楚自己究竟要去哪里的时候，当你愿意为了那个想到达的远方拼尽全力的时候，不管多晚，你都一定能够到达。

二、自律的程度决定人生的高度

越自律，越年轻

朋友小鱼说，前不久，她见到了多年没见的高中同学竹子。不见不知道，一见吓一跳。

在小鱼的印象中，竹子是个性格内向、相貌平平的"丑小鸭"。身材微胖、皮肤黝黑的她，留一头男孩式样的短发，衣着打扮也很随意，活脱脱就是个"假小子"。

可是这次见到，她像完全变了一个人：脸上化着淡妆，皮肤白皙紧致，齐肩的长发烫成了波浪卷，身穿一件藏青色毛呢大衣，衬得肤色很亮，整个人看起来精致时髦、大方得体，一点也看不到过去的影子。

看到曾经微胖、不起眼的"假小子"变成了纤细、漂亮的女孩，小鱼既惊讶，又羡慕，于是笑着问她："是吃了灵丹妙药了吗？怎么返老还童、越活越年轻了？"

笑容灿烂的竹子大大方方地回答说："哪里是吃了什么灵丹妙药，不过是开窍了，比之前更臭美、更自律罢了。"

那天，小鱼和竹子聊起了彼此的近况，小鱼也第一次了解了竹子的经历。

毕业后，竹子果断选择了上海。从小看着郭敬明、韩寒的书长大的她，对这座距离自己老家几千公里的城市充满了向往。然而，这座热闹繁华、时尚前卫的城市却并没有那么轻易地接受她。

竹子的第一份工作是在一个知名广告公司做文员。第一天上班，当青涩的她满怀期待地出现在办公区时，立刻就感觉到了自己的格格不入。在时尚的广告公司，女孩们个个打扮得很精致，只有她显得有些邋遢。好在竹子工作能力不错，待人也真诚大方，同事们都很喜欢她。

不过，在时尚、精致的环境中待得越久，竹子内心的那份爱美之心就被撩拨得越旺。潜移默化之中，她下定决心要让自己变得更美。

第一步就是要减肥健身。为此，竹子给自己制订了严苛的饮食计划，不仅改掉了过去暴饮暴食的习惯，而且调整了自己的食谱，戒糖、戒辣、戒高热量食物。

刚开始的时候真的很难。每次看到面包店里陈列的漂亮精致的蛋糕，看到超市里琳琅满目的美食，竹子都会垂涎三尺。但凭借强大的意志力，她坚持了下来，最终就瘦成了理想的模样。

瘦下来后，竹子决定内外兼修、双管齐下，彻底改变自己。

为了提升穿衣品位，她买了许多时尚杂志；为了提升自己的气质，她专门报班学习礼仪；为了保持身材，她严格控制饮食，并养成了锻炼健身的好习惯；在工作之余的碎片时间里，她潜心研究护肤、美白、化妆的各类技巧；为了让自己拥有有趣的灵魂，她还给自己立下一个规矩，不管工作多忙，每个月一定要读两本书；业余时间，她还报了线上英语课和线上口才课，不断提升自己。

天道酬勤，很快，凭借日复一日的自律和坚持，竹子摆脱了过去土气、邋遢的形象，从内到外彰显出不一样的气质。越活越年轻的她，状态更好了，更自信了，连带着工作业绩也更突出了。

"自律真的是越活越年轻的灵丹妙药啊！"和我讲述这个故事的时候，小鱼一脸认真。对此，我非常认同。

试想一下，如果你把熬夜当成生活常态，把喝奶茶、吃高热量的垃圾食品当成自己的兴趣；如果你从来不运动，不懂得提升自己，几乎把所有的业余时间都用在追剧、平躺、发呆上，你又如何能够拥有良好的状态呢？严重的睡眠不足和不加节制的饮食，只会消耗你的精力，摧毁你的健康。

反过来，当你清理掉家里的垃圾食品；当你做到每晚早早地关掉手机、关掉电脑，早早去睡；当你把有限的时间用在健身、学习、提升自己等更有意义的事情上时，那么，这些良好的生活习惯回馈给你的，也一定是更有序的生活、更健康的身体、更好的气色。

要知道，对于变美、变年轻这件事，自律真的比任何护肤品、化妆品都有效。自律的生活，可以让我们保持对生活的赤诚热爱；自律的生活，可以让我们保持乐观积极的心态，远离不健康的生活方式；自律的生活，可以增强我们的自信心和自控力，让我们变得更自信、更笃定，而这些，都是变美、变年轻的关键要素。

越自律，越幸运

不知道你是否发现，许多时候，在提到一个人很优秀、很成功时，我们总是习惯性地将他们的成功和优秀归结为"幸运"。比如，某个人得到了一份很好的工作时，我们会习惯性地评价说："这么多人竞争，偏偏选中了他，真是太幸运了。"再如，某个人被选为代表，参加某项重要活动时，我们也会习惯性地感叹："真是天选之子，太幸运了。"

然而，我们却从来没有想过，这份幸运又是从何而来的。

答案其实很简单：从努力中得来，从自律中得来。

当年以素人的身份从众多的竞选者中脱颖而出，一举拿下《山楂树之恋》的女主角时，所有人对周冬雨的评价几乎都是"幸运"二字。

的确，五官算不上精致，长相算不上出众，身材也矮小瘦弱的她，无论从哪个角度看，似乎都和"女主角"三个字无关。可就是这样一个平凡普通看似没有主角脸的小女孩，在后来的时光里把自己修炼成了三金影后。

她是如何做到的呢？这其中，自律是一个重要因素。

2016年，周冬雨曾以最佳女主角的身份参加了金砖国家电影节。她上台发言时所说的那句磕磕巴巴的英语——"I think different cultures share the same language through movie"（电影是不同文化共通的语言），曾遭到许多人的嘲笑。大家都说，她的英语太烂，简直是学渣水平。

面对众人的奚落，周冬雨以一句"有生以来最紧张一次，笑我吧"的自嘲应对，没有做任何辩解。

然而，到了2019年，周冬雨曾经遭人嘲笑的英语却发生了天翻地覆的变化。当时，在戛纳电影节上，她作为唯一的中国嘉宾参加了"跃动她影"（Women In Motion）论坛，且全程用英语与主持人无障碍交流，将自己的观点表达得畅快淋漓。

仅仅用了两年时间，周冬雨的英语水平便从学渣逆袭成了学霸，她是如何做到的呢？答案很简单——自律。

周冬雨曾经在采访中提到，那两年，她拼了命地学英语，每天再忙也一定要上英语课。她的枕头边总是放着一本英语书，一有时间她就会拿起来翻阅。有时候，她连拍戏中途休息的时间也不放过，常常在片场一边吃饭，一边戴着耳机学习英语。

无论是当初从几千人中脱颖而出与张艺谋合作，还是作为90后唯一的三金影后，周冬雨无疑都是幸运的。只不过，在这份幸运背后，凝聚的是她锲而不舍的自律和努力。也正是因为有了这份自律和努力，她才得到了越来越多的机会，获得了许多知名导演的青睐，塑造了一个又一个深入人心的角色。

正所谓"命是弱者借口，运乃强者谦辞"，当我们简简单单将一个人的成绩归结为"运气"和"天赋"时，却忽略了这样一个事实：在这个世界上，一时的成功或许可以靠运气，但长久的、持续的优秀却绝不是运气可以成就的；在这个世界上，天赋异禀的人毕竟是少数，大多数人都是平凡的、普通的。

要知道，没有人能随随便便取得举世瞩目的成就，所有星光璀璨的背后都有日复一日不为人知的努力。从某种程度而言，运气和天赋成就不了更优秀的我们，但自律却可以。

越自律，越幸福

你的身边是不是也有下面这样的人？

每到年初，便会列出一大堆目标，立下许多誓言；明明计划表做得清清楚楚、明明白白，可一旦执行起来，却觉得完全没有动力；嘴上说着要健身、要健身，身体却诚实地不愿动、只想躺；下定决心要减肥，朋友圈签名也改成了"不瘦十斤，不换签名"，可朋友的一个电话打来，又屁颠屁颠地出门"觅食"了；发誓一定要早起，结果闹钟响了无数次，和"周公"的约会还不想结束……

如果你认真观察就会发现，凡是有上述行为的人，凡是行动跟不上决心的人，凡是克制不住内心的冲动与欲望的人，往往生活都过得十分混乱，即便算不上不幸，也一定称不上幸福。

我曾经在网上看过这样一则新闻：一位年轻的女子，因为"双11"购物欠下二十万元贷款，气得丈夫爬上天台想跳楼。

面对民警，丈夫哭得撕心裂肺："她去年'双11'买名牌包、衣服就透支了信用卡，我每月还贷款，结果今年她还是管不住自己，一下又欠下了几十万元，我们一家人不吃不喝也还不起啊，这日子过不下去了。"

这个毫不自律、疯狂购物的女子，自己没有收入，平日里一家人都靠丈夫的工资生活，尽管不算富裕，但起码称得上安逸。然而，她的毫不节制，她明显超出自己消费能力的疯狂购物行为，却不费吹灰之力摧毁了一家人的幸福。

或许，这个案例稍显极端，但它也从另一个层面告诉我们：如果不懂得克制和自律，毁掉的极有可能是自己的幸福生活。

人在什么时候会意识到自律的重要性呢？

不是在早晨睡到日上三竿起不来时；不是在深夜吃着烧烤、喝着啤酒时；更不是在熬着最长的夜，追着最无聊的电视剧时。而是当你发现自己的身材不可抑制地"肿"起来时；当你发现自己的精力渐渐跟不上时；当你发现生活越来越单调，成长越来越缓慢，每天除了吃喝，仿佛再也找不到生活的意义时。

那么，人在什么时候会意识到自律的好处呢？

不是在飘雪的冬天也要在闹钟响起的那一瞬间逼迫自己离开温暖的被窝时；不是在犯了"懒癌"浑身乏力却依然习惯性地出现在健身房挥汗如雨时；不是在一个人守在深夜的书房，坚持完成手头的工作时。而是在当你发现自己的身体越来越好、事业越来越顺、成长越来越快、生活越来越好的时候。

毋庸置疑，好的身体、好的事业、好的成长和好的生活，都是幸福感的重要来源。

所以，越自律，越幸福。如果你管住了自己，就可以拥有越来越多的自由，但如果你管不住自己，就只能接受现实。

三、自律的三重境界，你在第几重？

自律的第一重境界：思想自律

何谓思想自律？用一句话概括，即充分认识自律，知道自律是什么，明白自律的重要性，懂得失去自律可能造成的后果。

培根说："思想决定行为，行为决定习惯，习惯决定性格，性格决定命运。"把这句话用在自律的养成上，同样适用。从某种程度而言，充分认识自律，正是开启自律之旅关键的第一步。这是因为，任何一个决定的做出，都应该是庄重的、客观的、发自内心的。只有当我们真正把自律这件事研究清楚之后再决定是否开始自律，这时候我们所做出的决定才是科学的、坚定的、经得起推敲的、不会轻易放弃的。

反过来，如果我们在浑浑噩噩、一知半解的情况下就草率地开始自律，这样的自律往往坚持不了多久。

在这一点上，我感受颇深。

一次，在给新入职的员工培训时，我和他们聊到了自律的话题。那天培训结束后，有一位年轻的姑娘发信息问我："怎样才能快速进入自律状态？为什么我总是在尝试，却总是自律失败？"

看到这个问题后，我觉得十分笼统。为了弄清她的困惑，我反问了她一些问题：

"你理解的自律，应该是一种什么样的状态？"

"你为什么要自律？通过自律，你想要达到什么目标？"

"在自律过程中，你遇到的困难是什么？有没有想过要如何克服这些困难？"

…………

然而，当我把这些问题一股脑儿抛出去后，女孩却发来一个疑问的表情。她沉默了好一会儿才十分诚恳地对我说道："您说的这些问题我都没有考虑过，可是它们和我自不自律又有什么关系呢？"

那一刻，我确信，我找到了女孩数次尝试自律又数次失败的原因——对自律缺乏基本的认知，还没有弄清楚自己为什么要自律，就已经急匆匆地走在自律的路上了。

其实，从某种程度而言，自律的过程就像一场战争。正所谓"知己知彼，百战百胜"，在打仗的过程中，你只有首先弄清楚战争的目的、敌我双方各自的优势与劣势、应该选择怎样的攻守路线、在遭遇突发情况后如何应对等问题后，才会拥有取得战争胜利的可能性；反之，如果你对战争一无所知，毫无准备，那么，即便走上战场，结果也可想而知。

因此，正如我在培训结束后，给那位迷茫的、自律总是失败的姑娘提出的建议一样，无论什么时候，当你决定踏上自律之旅、开启自律之行时，请记得在心里默默问自己这四个问题：

我为什么要自律？

通过自律，我想达到什么目的？

在自律的过程中，我最可能遇到的困难是什么？

如何解决这些困难？

记住：自律真正开始的那一刻，并不是你做出自律行动的那一刻，而是当你想清楚自律究竟是怎么一回事，并且对自律有了充分了解和全面认识后，再做出自律决定的那一刻。

自律的第二重境界：行动上的自律

当思想上做好了充分准备，对自律有了全面、客观、深刻的理解后，接下来，我们便到了自律的第二重境界——行动上的自律，努力去追求自律，想尽办法实现自律。

如果说思想上的自律是开餐前的甜点，那么行动上的自律就是真正的大餐。

在现实生活中，许多人的自律也往往败在了这一阶段。具体而言，行动自律的失败大致又可以分为两种情况。

一种是还未出发就偃旗息鼓，选择了放弃，成为思想上的"自律巨人"，行动上的"自律矮子"。

下面案例中的姑娘，就属于这种情况。

姑娘名叫小婷。小婷人如其名，长得亭亭玉立，性格也不错，是当时班里许多男孩爱慕的对象。然而，优秀的她，偏偏喜欢上了一个各方面条件都不怎么样的"渣男"。他们是高中同学，不在一个城市，异地恋谈得异常辛苦。男孩大男子主义、冷漠、不体贴，还常常和其他女生暧昧。在这场感情里，小婷始终是委曲求全的那一个。无数次，在为男孩痛哭过后，小婷都会萌生分开的想法。

尽管道理她都懂，在一起的后果也想得很清楚，分开后会面临什么她也心知肚明，甚至连分手时要用什么样的方式、说什么样的话，小婷都在心里默默想了无数次。可是每次真正到了需要行动的那一刻，不甘又不舍的她，还是会选择妥协。

事实上，在现实生活中，像这样还未出发就选择放弃的例子十分常见。比如，决定要早睡早起，前前后后想得十分透彻，可是闹钟响起的那一刻，依然选择了关掉闹钟；决定减肥，甚至连每天的食谱都规划好了，可是看到美食的那一瞬间，还是决定放弃……

从本质上说，空有念想，不肯付诸行动的自律，本身就是一种消耗。与其这样，还不如一开始就不要有自律的念头，这样，还能落得个轻松。

行动自律的失败，还有另一种情况，那就是已经坚持了一段时间，最后因为各种原因，没能坚持下去，最终导致自律失败。

毋庸置疑，不管是什么原因导致没能坚持，这种中途放弃的行动自律，都是最令人遗憾的。毕竟，已经走了一段路程，也许再坚持一下，就可以进入更高的自律境界。

那么，如何才能避免行动自律失败呢？

一般来说，一个人要想真正做到行动自律，具备以下几大特质是非常重要的：一是明确的目标和决心，知道自己要去哪里；二是强大的意志力和自我说服能力，当自律遇到瓶颈，感觉坚持不下去的时候，这两样东西可以给予你更多力量，让你更有动力坚持走下去；三是乐观的心态和及时的自我肯定，自律的过程是痛苦的，有了它们，你便有了对抗痛苦的秘密武器。

总之，行动上的自律是自律习惯养成的最重要的一环，完成了这一环，你的自律之路也就走完了一大半。

自律的第三重境界：本能的自律

自律的第三重境界，是将自律修炼成一种内化于心、外化于行的本能，一种流淌在我们血液里的基因和习惯。这是自律的最高境界，也是大多数人对自律最极致的追求。

那么，本能的自律究竟是怎样的一种体验呢？坦白地说，在过去很长一段时间里，我也不知道答案。直到后来，我遇到一位真正的自律高手。

他是一位长跑健将。六十多岁的他，几乎每天早晚都要跑步，无论刮风下雨，无论身处何地，从不间断。记得当时，我在听说了他的跑步故事后，情不自禁地竖起了大拇指，对他说道："您真是太自律了。"

没想到，他却诧异地接过话茬儿说："这哪里是什么自律，不过就是一种生活方式而已。"

那一刻，我突然意识到，原来最高境界的自律，就是把在外人看来需要强大意志力支撑才能坚持下去的事情，变成如同刷牙、洗脸、吃饭一般的生命中最平常的事情。

像这样的自律，村上春树在作品中也曾描述过，他写道："一天中，身体机能最为活跃的时间因人而异，我是清晨的几小时。在这段时间内集中精力完成重要的工作。随后的时间或是用于运动，或是处理杂务，打理那些不必高度集中精力的工作。日暮时分便优哉游哉，不再继续工作，或是读书或是听音乐，放松精神，尽量早点就寝。"

从这段话中不难看出，于村上春树而言，早睡早起不是一种自律，而是一种自然而然的生活。正因为它发生得自然而然，所以，它不是痛苦的，更不是挣扎的，而是令人愉悦、能欣然接受的。

所以，发现了吗？最高级的自律，就是让自律成为一种本能、一种习惯。

说到这里，你或许又会产生这样的疑问：如何才能达到这种自律境界，拥有这种融入血液的自然而然的自律习惯呢？

答案可以归结为两个字：一个是"熬"，一个是"等"——除了在漫长的自律中慢慢去熬、慢慢去等，除了依靠时间的沉淀和岁月的积累，我想这种自律的形成没有其他捷径可以走。

最后，希望每一个正在阅读这些文字的人都能拥有这种极致的、幸福的、发自本能的、自然而然的自律。

四、余生，请让自律成为一种本能

工作中自律，时刻快人一步

在现实生活中，作为职场人的你或许也有类似的困扰：白天上班时，效率极其低下，总是要等到加班时，才能找到工作状态。好不容易忙完工作，已经晚上八九点了，洗漱完毕再刷刷剧、玩玩手机，已经到了深夜。拖着疲惫的身躯倒床入睡，第二天在疯响的闹钟声中极不情愿地起床，打着哈欠去上班，继续没效率地工作……

如此反复，是不是感觉自己变成了一台被困在无限死循环里的机器，疲惫至极？

诚然，提到工作，许多人的第一反应就是累，并且，他们往往将这种累归结为压力太大、工作太多、任务太重、竞争太强。殊不知，在职场中，真正让我们感觉累、感觉辛苦和疲惫的，并不是工作本身，而是不正确的工作方式和低效率的工作状态。这种低效率的产生，往往又是不自律造成的。

关于这一点，我深有感触。

多年前，在我刚毕业参加工作的时候，我曾和一位同事一起住。因为每天朝夕相处，我得以近距离地观察她的生活状态和工作状态。

我发现，每天早上，她宁愿在床上多消磨十分钟，也不愿早起做好上班准备；几乎每天，她都是踩着点，急匆匆地出现在办公室；在正式开始工作之前，她一定会先打开电脑，浏览一遍娱乐新闻，然后通过 QQ 聊一会儿天，最后才不紧不慢地打开工作界面；在工作过程中，她也经常离开工位，不是跑去上厕所，就是跑去喝水；即便是端坐在工位上的时候，她也经常分心、走神，做其他无关的事情……

这样做的结果就是，到了下班时间，她的工作常常做不完，只好留下来加班。许多次，当同住的我都已经洗漱完毕躺在床上看书了，她才拖着疲惫的身躯神情憔悴地赶回来。不用怀疑，在加班的那段时间里，她的效率依然不高。

其实那时候，因为刚毕业，我们从事的都是最基础的工作。但凡认真一些、效率再高一些，完全可以轻松胜任。拿我来说，那时候，因为认真高效，我常常不到下班时间就已经完成了一天的工作量，余下的时间便会用来查漏补缺、为第二天的工作做准备。总之，于我而言，那份工作既轻松又得心应手，可是到了她那里就变成了沉重的大山，常常压得她喘不过气来。

后来，入职短短半年后，我们便不约而同地选择了辞职。只是我辞职是想挑战更高难度的工作；而她选择辞职，纯粹是因为太辛苦、太累，无法胜任。

放纵是弱者的避风港，自律才是强者骨子里的本能。正如白岩松所说："不管你承不承认，越是成功的人，越自律。"职场上，人与人之间的竞争，拼到最后，其实拼的不是谁的学历更高、谁的背景更强、谁的资历更深，而是谁的工作效率更高、谁的工作习惯更好、谁能在固定的时间里完成更多的工作。

王健林曾经分享过自己的工作状态：凌晨4点，当大多数人还在睡梦中的时候，他就已经起床了；每一天，他要处理的工作量加起来超过三个普通人工作量的总和；别人需要两小时做完的事情，到他那里，可能半小时就解决了；别人做完一件事，可能会本能地放松一下，他却会接着处理另一件事……这种快人一步的高效率，也让他得以在每天安排得满满当当的日程之余，有时间运动、阅读、陪伴家人。

所以，成功一定是有原因的，如果不是凭借强大的自律，如果没有高效率，我想，王健林也一定没有勇气随随便便就说出"先定一个能达到的小目标，比如挣它一个亿"的豪言壮语。

王健林的这种自律，也是许多成功人士身上共有的特点。成功人士尚且如此，更何况默默无闻、蓄势待发的我们呢？

生活中自律，每天元气满满

一次，我在参加培训的时候，一位同期参加培训的 A 女士曾分享过这样一个故事：

A 女士是一位性格爽朗的北方姑娘。上大学那会儿，大大咧咧的她有一句至理名言：人活着就应该潇潇洒洒、无拘无束，想吃的东西一定要放开肚皮去吃；想做的事情一定要毫不犹豫地去做；想爱的人一定要不顾一切地去爱。

生性洒脱的她，也的确是这样做的。

她吃东西从不忌口，只会考虑想不想吃；没有课的周末，如果有正在追的电视剧，她一定会熬夜追完，第二天再蒙头大睡；有时候明明到了深夜，朋友一起哄，她便会穿衣出门，快快乐乐地去吃夜宵；就连爱情，明明知道没结果，可她还是义无反顾地选择了开始。

A 女士的好朋友 B 女士，却是一位自律达人，总是把自己的生活规

193

划得井井有条，从不会随心所欲地做任何事情。尽管性格完全不同，但这并不妨碍住上下铺的她们成为最好的朋友。在那段朝夕相处的日子里，B女士经常"嫌弃"A女士随心所欲、毫无节制，A女士也经常笑话B女士"老干部"、呆板无趣。

毕业后，A女士从事自媒体工作。由于工作繁忙、压力巨大，她那种随心所欲的生活方式不仅没有改善，反而愈演愈烈：熬夜加班成为日常；常常半夜两三点还在追剧、喝奶茶、吃泡面；哪怕第二天还有重要工作，同事朋友一招呼，人便去了烧烤摊、KTV……

这种状态持续了几年后，睡眠严重不足的A女士开始脱发、长斑、频发口腔溃疡。更严重的是，她突然发现，不管用多么昂贵的化妆品，都无法拯救她那糟糕的皮肤；每天总是感觉精力不够用，身体严重透支。

再反观B女士，毕业后，她在一家大型国企做项目负责人，工作压力不比A女士小，工作节奏也不比A女士慢，可是即便年过三十，她看起来也和上大学的时候差不多，气色和精神都很好，状态也极佳。

于是，A女士便私下向好朋友取经，询问她是如何做到这么忙、压力这么大却依然能够保持这么好的状态的。B女士只回答了两个字——自律。

这之后，在B女士的建议下，A女士也开始踏上了自律的道路：她清理掉了家里的垃圾食品，卸载了一些容易沉溺其中、耗费时间的娱乐App；每天下班后，不再呼朋唤友地聚餐、参加各种聚会和饭局，而是阅读、做面膜、早早入睡。

一段时间后，A女士便尝到了自律的甜头。望着镜子里面色红润、气色极好的自己，她这才明白，原来自律真的有美容养颜的神奇功效。

更让A女士没有想到的是，当改变了毫无节制的生活状态，开始自律后，她不仅变得元气满满，事业也上了一个新台阶——由于有了更多的阅读、思考时间，再加上充足的睡眠确保了她白天精力充沛，她的工作状态变得极佳，一举拿下了几个之前一直拿不下来的订单。

虽然，在当今社会，追求自由已经成为一种时尚、一种风潮。许多年轻人动不动就会喊出诸如"健康诚可贵，减肥价更高。若为自由故，两者皆可抛"的豪言。但真正的自由，并不是毫无节制、无拘无束。无数的案例已经告诉我们：一味放纵，并不会让我们感觉更快乐；相反，它只会不断地消耗我们，让我们虚度人生。

克拉克曾经说过："自律的前期是兴奋，中期是痛苦，后期是享受。"诚然，自律看上去是痛苦的、艰难的，但当你真正坚持下去后，就会发现，熬过了最痛苦的阶段，你收获的将是更有成就感、更元气满满的生活。

后 记

本书构思历时两年,又用半年时间编写成书,在众多朋友的期待中面世。虽精心创作,但难免会有不尽完美之处,望读者在阅读时多多包涵。

本书中提及的各类养成自律的方式方法,经笔者检验确实小有成效,希望读者能尝试使用,如能带给大家一些实实在在的改变,笔者将倍感荣幸。

我认为人生有三件事是极其重要的:

1. 用宽容的心对待世界,自律自省,过好生活;

2. 用快乐的心创造世界,改变现状,活在当下;

3. 用感恩的心感受世界,感恩生命。

在成长历练过程中修一颗慈悲心,让自己在面对未知的未来时,一往无前,坦荡洒脱。

借本书出版的机会,感谢我生命中的贵人。感恩给予我生命、养育我成人的睿智的父母,我的兄长、大姐、老弟,你们的默默陪伴和付出,是我在未知路上能乘风破浪最大的原动力。感恩求学时代老师孜孜不倦的教诲育我成才。我特别要感谢事业路上一直支持我的客户朋友们：重庆耀琪龙通讯的唐总，重庆兴宏园林的方总，重庆中冠混凝土的周总，中财沃顿集团的钟总，雪松控股的梅总，中国银行的何总，上海成系教育的韩总，欣新志泉机械的宋总，达林顿通讯的曾总，广西中南渔业的林总，显渝制冷设备的李总，光大产业的刘总，菲律宾万汇资源股份（Vanhui Resources Corporation）的总裁 Robert Luo，杭州华宋艺术的邓总，新晟期货的汤总，山西熠意君成文化的彭总，广州云芯科技的瞿总。一路走来，亦师亦友，你们是我生命中宝贵的财富，感谢你们陪我闯过那些低谷期的难关，你们的支持与包容，是我敢于挑战更高事业的无形力量！同时，我要感谢我的团队和同事们，是你们伴我开拓进取、一路前行，有你们就有底气有动力！走过山山水水，高高低低，有获得有失去，但始终感恩于生命的赠予。

最后，祝福所有的读者，愿阳光洒满您前进的道路，愿花儿开满您前行的旅途，愿我至诚的祝福长驻您心中。祝愿您未来岁月灿烂多姿，愿您和您的家人幸福安康、快乐长相伴！

杨祥

2021 年 7 月于广州